OSWALD V

LI

MITTELHOCHDEUTSCH UND NEUHOCHDEUTSCH

AUSWAHL

HERAUSGEGEBEN,
ÜBERSETZT UND ERLÄUTERT VON
BURGHART WACHINGER

PHILIPP RECLAM JUN. STUTTGART

Umschlagabbildung: Oswald von Wolkenstein. Porträt aus
der Liederhandschrift B.

Universal-Bibliothek Nr. 2839
Alle Rechte vorbehalten
© für diese Ausgabe 1967 Philipp Reclam jun. GmbH & Co., Stuttgart
Lizenzausgabe mit Genehmigung des Verlages
Langewiesche-Brandt KG, Ebenhausen
© 1964 Langewiesche-Brandt KG, Ebenhausen bei München
Gesamtherstellung: Reclam, Ditzingen. Printed in Germany 2001
RECLAM und UNIVERSAL-BIBLIOTHEK sind eingetragene Marken
der Philipp Reclam jun. GmbH & Co., Stuttgart
ISBN 3-15-002839-6

www.reclam.de

DIE LIEDER

1

Freu dich, du weltlich creatur,   I
das dir nach maisterlicher kur
gemessen ist all dein figur,
verglanzt ze tal nach der mensur
an tadel,　adel　kreftiklich darinn verslossen.
der possen　gossen　ist an mail;
dem er sich geben hat zu tail,
der mag sich des erfreuen wol von herzen.

Ain heubtlin klain des nam ich war,   II
darauff kraus, plank, krumliert das har,
zwo smale pra, die euglin klar,
ain mündlin rubein-, röslinvar,
nas, kinn und kel,　das vel　plaich, weiss mit wenglin
die tinnen　sinnen　volgestackt,   prinnen;
von jungen jaren darinn verstrackt.
dank hab ain man, der es schon wurcht an smerzen.

Wenn ich durch all mein sinn betracht   III
des pildes form, leib, schön und macht,
wie es der maister hat bedacht,
und darnach genzlich wirt volpracht,
das kain　so rain　ir gleich auff erd müg simulieren,
regnieren, pulchrieren,　wie man wil:
gewaltiklich behalt si das spil;
mit eren zwar tar si wol ernsten und scherzen.

2

Gar wunnikleich hat si mein herz besessen.   I
in lieb ich ir gevangen　pin mit stätikait,
verslossen gar　in der vil zarten ermlin strick.

4

1

Freue dich, irdisches Geschöpf,
daß deine ganze Gestalt
nach dem Kunstsinn eines Meisters gebildet ist,
glänzend gemacht von oben bis unten, untadelig im rechten Maß,
adliges Wesen unlösbar eingefügt.
Das Bildwerk ist makellos gegossen;
wem es sich hingegeben hat,
der darf sich dessen herzlich freuen.

Ein zierliches Köpflein habe ich gefunden,
darauf in hellen Locken kraus das Haar,
zwei feine Brauen, blanke Augen,
ein Mündlein wie Rubin und Rosen,
Nase, Kinn und Hals, die Haut hell weiß, der Wänglein Feuer;
die Stirn mit guten Gedanken gefüllt,
die sich seit früher Jugend darin ausgebreitet haben.
Dank sei dem, der das alles freudenreich geschaffen hat!

Betrachte und bedenke ich dieses Bild,
seine Gestalt, sein Leben, seine Schönheit und Herrlichkeit,
wie es der Meister ersonnen hat
und wie es, ganz nach seinem Plan, dazu kommt,
daß niemand auf Erden in ähnlich reiner Schönheit
sich darstellen kann, thronen, prangen und was auch immer:
dann gewinnt sie jeden Wettstreit.
Vollendet weiß sie sich zu betragen in Ernst und Scherz.

2

Mit vielen Freuden hat sie mein Herz in Besitz genommen.
In Liebe und Treue bin ich ihr Gefangener,
eingeschlossen in der Fessel ihrer zarten Arme.

mein höchstes hail, ich pin dein aigen,
zwar des gib ich dir meinen prief.

»In welcher main hast du dich freud vermessen II
gen mir? doch unergangen   so pin ich berait.
herzlieb, nim war,   das uns nicht vach der melder rick.
als ungevell behüet die vaigen,
jo und gescheh in nimmer lief!«

In aller treu, weib, du solt nicht vergessen, III
tägleich ist mein belangen   dir ze dienst berait.
der freuden schar   ich wart von liechten euglin plick.
dein mündlein rot mit süessem naigen
schon mich beraubt der sorgen tieff.

3

Des himels trone I
empfärbet sich
durch tags gedrank.
Die voglin schone
erwecken mich
mit süessem klank.
Verswunden ist der sne;
laub, gras, kle
wunnikleich entspringen.
Des wil ich von herzen
an smerzen
meiner frauen singen.
Die mir kan wenden   als mein senden,
   trauren plenden   mit den henden   minnikleich,
freudenreich
macht mich die raine;   klaine   ist mein ungemach.
Wenn ich gedenk   an ir gelenke
   sunder wenke,   freuntlich schrenke,   die sie kan,
undertan
so ist mein leib   dem zarten weib,   neur wo ich gach.

6

Mein höchstes Glück, ich bin dein Eigentum,
das kann ich dir verbriefen.

»Mit welchen Gedanken erwartest du Freude von mir?
Doch wenn du nicht zu weit gehst, bin ich bereit.
Herzlieb, gib acht, daß uns nicht die Schlinge der Verräter fange!
Alles Unheil soll diese verwünschten Leute begleiten,
ja, und nie soll ihnen Gutes geschehen!«

In aller Treue, das sollst du nicht vergessen, Frau,
ist dir mein Sehnen täglich zu dienen bereit.
Eine Freudenfülle erwarte ich vom Blick heller Augen.
Dein rotes Mündlein, wenn es mich freundlich grüßt,
benimmt mir schön alle tiefe Kümmernis.

3

Der Thron des Himmels
wird blaß
vom Andringen des Tags.
Die Vöglein
erwecken mich sanft
mit süßen Tönen.
Der Schnee ist verschwunden,
Laub, Gras, Klee
sprießen köstlich.
Drum will ich von Herzen
und fröhlich
meiner Geliebten singen.
Sie, die mir all mein Sehnen enden kann
und mein Trauern betäuben mit ihren lieblichen Händen,
glücklich
macht mich die Schöne; mein Kummer zergeht.
Wenn ich an ihre Anmut denke,
unablässig, an das liebevolle Umarmen, das sie kennt,
so bin ich ganz der zarten Frau ergeben,
wohin ich auch eile.

II

Pfeiff auff, lass raien.
die lind ist grüene,
der wald entsprossen.
Gen disem maien,
herzlieb, pis küene
und unverdrossen.
Schau an die plüemlin klar,
wolgevar,
zierlich ir gepflänze.
Darin well wir prangen.
empfangen
sind die liechten glänze.
Von manger varbe, junk und marbe,
  smelchlin garbe, würzlin harbe manigvalt,
neu und alt,
hand sich gesüesset; grüesset sei ir sprinz und spranz.
Gezwait, gevieret, schärlich tieret,
  schrailich gieret, kurzlich schieret alle gnucht.
weiplich zucht,
gedenk an mich, wenn ich kum zue dir an den tanz.

III

Fliehet, scharff winde,
lat uns an not,
ir seit genidert,
Die meinem kinde
sein mündlin rot
han durchvidert.
Ir amplick, hendlin weiss
sol mit fleiss
von euch versichert sein,
Wenn si durch die aue
mit taue
benetzt ir schüechlin klain.
Wolauff die lassen an die gassen,
  die vor sassen als die nassen auff der pank
plöd und krank,
freut euch der sunne, küeler prunne klar geflinst.

8

Pfeif auf, laß den Reigen gehen!
Die Linde ist grün,
der Wald hat ausgeschlagen.
In dieser Maienzeit,
Herzlieb, sei munter
und unbeschwert!
Schau die leuchtenden Blümlein an:
schön farbig,
zierlich ihr Wuchs.
Damit wollen wir uns schmücken.
Gekommen
ist der helle Glanz.
Von bunten Farben, jung und zart,
wohlgewachsene Gräslein und mannigfache herbe Kräutlein,
neu und alt, alle sind schöner und süßer geworden.
Gegrüßt sei ihr Sprießen und Sprossen.
Zu zweit, zu viert, in Scharen lebt und webt,
schreit voll Verlangen und tummelt sich alle Welt.
Edle Frau,
denk an mich, wenn ich zu dir zum Tanz komme.

Geht fort, scharfe Winde,
belästigt uns nicht mehr!
Ihr seid überwunden,
die ihr meinem Mädchen
sein rotes Mündlein
rissig gemacht habt.
Ihr Gesicht und ihre weißen Hände
sollen vor euch
sicheren Frieden haben,
wenn sie durch die Au geht
und ihre Schühlein
mit Tau benetzt.
Auf, ihr trägen Leute, hinaus auf die Gasse,
die ihr bisher wie begossen auf der Bank gesessen seid,
dösig und müde,
freut euch an der Sonne, am klaren Schimmern kühler Quellen!

Mai, du kanst machen   allen sachen
   ain erwachen.   des wir lachen.   fraget, wes?
alles des,
das neur ain got   an spot   uns sölche gnad verzinst.

4

Frölich, zärtlich, lieplich und klärlich, lustlich, stille, leise,   I
in senfter, süesser, keuscher, sainer weise
wach, du minnikliches, schönes weib,
reck, streck,   preis dein zarten, stolzen leib!
Sleuss auff dein vil liechte euglin klar!
taugenlich nim war,
wie sich verschart   der sterne gart
in der schönen, haitern, klaren sunnen glanz!
wolauff zue dem tanz!
machen ainen schönen kranz
von schaunen,   praunen,   plawen,   grawen,
   gel,   rot, weiss,   viol plüemlin spranz.

Lunzlocht, munzlocht, klunzlocht und zisplocht, wisplocht,   II
                                freuntlich sprachen
auss waidelichen, gueten, rainen sachen
sol dein pöschelochter, roter munt,
der   ser   mein herz tiefflich hat erzunt
Und mich fürwar tausent mal erweckt,
freuntlichen erschreckt
auss slaffes traum,   so ich ergaum
ain so wolgezierte, rote, enge spalt,
lächerlich gestalt,
zendlin weiss darin gezalt,
trielisch, mielisch, vöslocht, röslocht,
   hel   zu fleiss   waidelich gemalt.

10

Mai, du kannst allen Dingen ein Erwachen bereiten.
So jauchzen wir. Fragt ihr, worüber?
Einfach darüber,
daß uns Gott allein wirklich mit solcher Gnade überhäuft.

4

Fröhlich, zärtlich, anmutig und hell, lustvoll, still und sanft,
ruhig, süß, rein, gemächlich:
so wache auf, du liebliche, schöne Frau!
Reck und streck dich, schmücke deinen zarten, herrlichen
Öffne deine strahlenden, hellen Äuglein!   Leib!
Nimm heimlich wahr,
wie die Sternenweide zergeht
im Glanz der schönen, heiteren, klaren Sonne!
Wohlauf zum Tanz!
Laß uns einen schönen Kranz machen,
schimmernd von honigfarbnen, braunen, blauen, grauen,
gelben, roten, weißen, veilchenfarbnen Blümlein!

Schlummerlich, küsselich, schmeichlerisch, flüsterlich und
                                                    wisperlich,
herzlich reden von köstlichen, guten, schönen Dingen
soll dein blühender roter Mund,
der mein Herz ganz in der Tiefe entzündet hat
und mich wahrlich tausendmal aufweckt,
lieblich aufschreckt
aus Schlaf und Traum,
wenn ich eine so schöngeformte rote feine Spalte gewahre,
zum Lächeln geschaffen,
Zähnlein weiß darin in Reihe,
lippenschön, lächelnd, füllig, rosig,
leuchtend wie ein trefflich gemaltes Bild.

Wolt si, solt si, tät si und käm si, näm si meinem herzen   III
den senikleichen, grossen, herten smerzen,
und ain prüstlin weiss darauff gesmuckt,
secht, slecht   wär mein trauren da verruckt.
Wie möcht ain zart seuberliche diern
tröstlicher gezorn
das herze mein   an allen pein
mit so wunniklichem, lieben, rainen lust?
mund mündlin gekust,
zung an zünglin, prüstlin an prust,
pauch   an peuchlin, rauch   an reuchlin
 snell   zu fleiss   allzeit frisch getust.

5

Wach auff, mein hort!   es leucht dort her   I
von orient der liechte tag.
plick durch die praw,   vernim den glanz,
wie gar vein plaw   des himels kranz
sich mengt durch graw   von rechter schanz.
ich fürcht ain kurzlich tagen.

»Ich klag das mort,   des ich nicht ger: II
man hört die voglin in dem hag
mit hellem schal   erklingen schon.
o nachtigal,   dein spaher don
mir pringet qual,   des ich nicht lon.
unweiplich muess ich klagen.«

Mit urlaub vort!   deins herzen sper   III
mich wunt, seit ich nicht pleiben mag.
schidliche not   mir trauren pringt,
dein mündlin rot   mich senlich zwingt,
der pitter tot   mich minder dringt.
darumb muess ich verzagen.

Wollte sie, möchte sie, würde sie doch, käme sie und nähme sie
von meinem Herzen den sehnlichen, schweren, bitteren Schmerz!
Und ein weißes Brüstlein drauf gedrückt –
seht, so wäre mein Leid geglättet.
Wie könnte ein zart hübsches Mädchen
mein Herz wonniger schmücken,
unbeschwert machen,
als mit so herrlicher, süßer, reiner Lust?
Mund Mündlein geküßt,
Zung an Zünglein, Brüstlein an Brust,
Bauch an Bäuchlein, Pelz an Pelzlein
frisch, eifrig, nimmermüd gedrückt.

5

Wach auf, mein Schatz, dort vom Osten her
leuchtet der helle Tag.
Blick durch deine Wimpern, nimm den Glanz wahr,
wie fein blau des Himmels Rund
sich in das Grau mengt, das uns günstig war.
Ich fürchte, es wird gleich tagen.

»Ich beklage, ach, was ich nicht ersehne:
man hört die Stimmen der Vöglein im Gebüsch
laut und schön erklingen.
O Nachtigall, dein kunstreicher Gesang
bringt mir Leid, für ihn danke ich dir nicht.
Mehr als eine Frau ertragen kann, muß ich klagen.«

Gib mir deinen Segen, ich muß gehen. Wie ein Speer
verwundet mich dein Herz, weil ich nicht bleiben darf.
Der Schmerz des Scheidens macht mich traurig.
Dein rotes Mündlein bedrängt mich mit Sehnen.
Der bittere Tod könnte mich nicht so bedrücken.
Das läßt mich verzagen.

6

Tenor

Los, frau, und hör des hornes schal
perg und tal überal ane qual. auch hör ich die nachtigal.
des liechten morgen röte sich vor der pläw her dringt.
                                                                            plas schon,
wachter, ich spür dein zoren michel gross.
Mich rüert ain wind von orient,
der entrent   auch plent   das firmament,
                                 und der uns die freud hie went.
zart minnikliche dieren, das horen pollret grimmiklich.
ich hör dich wol, du trüebst die frauen mein.
Los! los, los, los!
senliche klag,   mordlicher tag,
wie lang sol unser not mit dir bestan?
hab urlaub, höchster schatz, kurzlich herwider ruck.

[Er:] Horch, Frau, und höre den Ton des Horns
unbekümmert überall durch Berg und Tal! Auch höre ich die
                                                                               Nachtigall.
Die Röte des hellen Morgens dringt vor der Bläue heran.
Blas nur, Wächter, ich merke dein großes Ungestüm.
Mich berührt ein Wind aus dem Orient, der entfernt und
                                                                              überblendet
den Sternenhimmel und zerstört uns hier die Freude.
Zart liebliches Mädchen, das Horn dröhnt grimmig.
Ich hör dich wohl, du betrübst meine Geliebte.
Horch! Horch, horch, horch!
Traurige Klage, tödlicher Tag,
wie lang wirst du und wird mit dir unser Schmerz dauern?
Leb wohl, höchstes Gut, komm bald wieder hierher zurück!

Discantus

[Hornquinten]
Sag an, herzlieb, nu was bedeutet uns so gar schricklicher hal
mit seinem don?
aahü, aahü,
wolauff, die nacken ploss!
[Hornquinten]
Ainiger man, sol uns der gast erstören hie so ach ellent?
wem lastu mich?
aahü, aahü,
her gat des tages schein.
Pald ab dem weg,   die geren läg!
hör, hör, hör, gesell,   klüeglichen geschell!
stand up, risch up, snell up! die voglin klingen in dem hard,
amsel, droschel, der vink und ain zeiselein, das nennet sich
                                                         gugguck.

[Hornquinten]
[Sie:] Liebster, sag mir, was bedeutet für uns
dieser erschreckende Schall
und das Tönen?
[Der Wächter:] Aahü, aahü, auf, steckt die Hälse heraus!
[Hornquinten]
[Sie:] Mein einziger Mann,
soll uns dieser Fremdling hier so unselig stören?
Wem überläßt du mich?
[Der Wächter:] Aahü, aahü, der Glanz des Tages naht.
Schnell hinweg, wenn du auch gerne liegen bliebest!
Hör, hör, hör, Gesell, köstliches Klingen!
Steh auf, rasch auf, schnell auf! Die Vöglein singen im Wald,
Amsel, Drossel, der Fink und ein Zeisig, der nennt sich
                                                         Kuckuck.

Tenor

Stand auff, Maredel, liebes Gredel! zeuch die rueben auss!
kint ein, setz zue flaisch und kraut! eil, pis klueg!
get, ir faule tasch! die schüssel wasch!
wer wett, Küenzel knecht der dieren flecht?
auss dem haus, ir verluechter dieb!
Gret, lauff gen stadel, suech die nadel, nim den rechen mit!
gabel, drischel, reiter, sichel vindstu dort.
Jans, Kathrei nim mit dir, der Kuenz pleip mir!
sweig, du vaige haut, und schrei nicht laut!
dein schand werd prait und er sicherlichen smal.
Pfäch dein, Gredlein!
spin, ker, dich ner!
nicht verzer deinen rock!
pock, so wirst du ain lock.
tock, vier schock
gib ich dir zu ainem manne vil schier.

[Bäuerin:]
Steh auf, Margretlein, liebe Gretel! Zieh die Rüben heraus!
Mach Feuer, setz Fleisch und Kraut zu! Schnell, sei gescheit!
Nur zu, du faule Tasche, spül die Schüssel!
Wetten wir, daß Kunz der Knecht das Mädchen umarmt?
Aus dem Haus, verflixter Schelm!
Gret, lauf zum Schuppen, such die Nadel, nimm den Rechen mit!
Gabel, Dreschflegel, Kornsieb und Sichel findest du dort.
Nimm Hans und Kathrein mit! Der Kunz soll bei mir bleiben.
Schweig, du schlechte Haut, und mach kein Geschrei!
Deine Schande soll groß werden, und dein guter Ruf ist bald
Pfui doch, Gretlein!   dahin.
Spinn, kehr, tu etwas für dich!
Beule deinen Rock nicht aus!
Lauf nur dem Bock nach, dann wirst du ein Luder.
Mädchen, vier Schock Kreuzer
gebe ich dir, sobald du heiratest.

Discantus

Frau, ich enmag, wann es ist verre gen dem tag.
nu wol, wenn sol ich vol slaffen mir genueg?
zue lat euch der weil! ja trag wir auch ain peil.
pleib hie, nicht eil,
mein trauter Küenzel- Süenzel ist mir wärlich lieb.
Wer kumpt hernach, der mir went meinen ungemach
so schain und rain allain? arbait ist ain mort.
Kathrei ist unnutz, Jänsleins pin ich urdrutz.
mit liebem smutz
pin ich genzlich des Küenzleins auss dem edlen Zilerstal.
Frau, eur straffen ist enwicht.
spinnen, keren mag ich nicht.
pflicht
trag ich zue dem Küenzelein,
wann er ist wol mein.
sein leib geit freuden vil, darnach sich sent mein gier.

[Magd:]
Frau, ich mag nicht, es ist ja noch lang bis zum Tag.
Seht, wann soll ich einmal wirklich ausschlafen dürfen?
Geht, laßt euch Zeit! Wir haben doch auch einen Schwengel!
Bleib da, mein Schatz, lauf nicht weg!
Meinen lieben Künzel-Sünzel hab ich gar zu gern.
Wer kommt denn sonst, der mir meinen Kummer vertreibt,
so schön, so sauber, so heimlich? Arbeit ist eine Schinderei.
Kathrein taugt nichts, den Hansel hab ich satt.
Mit einem Herzensschmatz
gehöre ich ganz dem Künzlein aus dem edlen Zillertal.
Frau, euer Schelten hilft doch nichts.
Spinnen, kehren mag ich nicht.
Zugetan
bin ich dem Kunz,
denn er ist mein.
Sein Leib schenkt viel Lust, danach verlangt mich heftig.

17

Treib her, treib überher, du trautes Bärbelin das mein, I
zu mir   ruck mit den schäfflin dein,
kum schier, mein schönes Bärbelein!

»Ich merk, ich merk   dich wol, aber ich entuen sein
dein waide   die ist gar enwicht,   wärlich nicht.
mein haide   stat in grüener pflicht.«

Mein waid, mein waid   die ist wol auss der massen kürlich
mit kle, laub, gras, vil plüemlin pluet,   guet
der sne   get ab in meiner huet.

»So hör, so hör   ich hie vil süesser vogelein gesank,
dapei   ist mir die weil nicht lank,
gar frei   ist aller mein gedank.«

So han, so han   ich hie wol ainen küelen, klaren prunn, II
darumb   ain schaten für die sunn.
nu kum, meins herzen höchste wunn!

»Von durst, von durst   so hab ich kainerlaie hendlin not,
ja keut   ich nie das käs und prot,
das heut   mein mueter mir gepot.«

Vil swammen, swämmelein   die wachsen hie in disem
darzu   vil junger voglin rauch.   strauch,
kämst du   zu mir, ich gäb dir auch.

»Wiltu, wiltu   mich sichern, genzlich mit gemache lan,
villeicht   so treib ich zue dir hnan;
sust weicht   mein vich verrlich herdan.«

Nu fürcht, nu fürcht   dich nicht, mein ausserwelte   III
ja flicht   ich dir dein weissen lock   schöne tock!
und slicht   dir deinen roten rock.

8

Treib her, treib herüber, du mein liebes Bärbelein,
zieh mit deinen Schäflein her zu mir,
komm bald, mein schönes Bärbelein!

»Ich hör dich wohl, doch will ich es bestimmt nicht tun.
Deine Weide taugt nicht viel,
meine Heide steht ganz in Grün.«

Meine Weide ist ganz ausgesucht gut,
sie blüht von Klee, Laub, Gras und vielen Blumen;
der Schnee schmilzt schon in meinem Hütbezirk.

»Aber hier höre ich viele süße Vögel singen.
Dabei wird mir die Zeit nicht lang.
Mein ganzer Sinn ist unbeschwert und frei.«

Aber hier habe ich eine kühle, klare Quelle,
um sie herum Schatten, der vor der Sonne schützt.
So komm, du größte Freude meines Herzens!

»Durst beschwert mich kein bißchen;
denn Käse und Brot, die mir meine Mutter heute mitgab,
habe ich noch nicht gegessen.«

Viele Pilze, Pilzlein wachsen hier im Busch,
auch gibt's da genug Flaum von jungen Vögeln.
Kämst du zu mir, so gäb ich dir davon.

»Willst du mir fest versprechen, mich in Ruhe zu lassen,
dann vielleicht treibe ich zu dir hinauf.
Sonst entfernt sich meine Herde weit von hier.«

Nun fürchte dich nicht, mein einzig schönes Kind,
ich flechte dir die hellen Locken
und glätte deinen roten Rock.

»Das hast,   das hast   du mir so dick versprochen pei der wid,
vest stät   zu halten ainen frid,
noch tät   du mir an meim gelid.«

Der schad,   der schad   ist klaine, der deinem leib allda
in mass   als es dein swester sprach;   beschach,
ich lass   dich fürpas mit gemach.

»Das wirt,   das wirt   sich sagen erst, so ich werden sol ain
ob sich   verraucket hat mein haut.   praut,
pfüg dich!   du tetst mirs gar zu laut.«

                                                                           IV

Pis wil,   pis wil   komen, mein ausserwelter schöner hort!
du pist   mir lieber hie wann dort.
nu lisp   mir zue ain freuntlich wort!

»Und wär   und wär   ich dort, wer wär dann, lieb, pei dir
mein herz   dich genzlich nie verlie   allhie?
an smerz,   du waist wol selber wie.«

Des wol,   des wol   mich ward vil mer dann hundert
mich tröst   dein rosenvarber munt,   tausent stunt.
der löst   auff swäres herzen punt.

– Vil freud,   vil freud   und wunne ir paider leib allda betrat,
pis raid   der abent zueher jat.
an laid   schied sich ir paider wat.

9

Fröleich   so wil ich aber singen   I
der edlen frauen suess.
»Hainz, Hainreich,   erst wirt mir wolgelingen,
seit du mir haltst deinen gruess.«
Ja frau, und wär das nicht eur spot?

»Das hast du mir schon so oft hoch und heilig versprochen,
daß du mir sichern Frieden halten wolltest;
doch hieltest du ihn nicht an meinem Leib.«

Der Schaden ist gering, den du dort littest,
wie auch deine Schwester sagte;
doch laß ich dich künftig ganz in Ruhe.

»Es wird sich erst dann zeigen, wenn ich eine Braut werde,
ob meine Haut geschürft worden ist.
Pfui du, du tatest mir's gar zu heftig.«

So sei willkommen, du köstlicher lieber Schatz,
du bist mir lieber hier als dort.
Nun flüstre mir ein freundliches Wörtlein zu.

»Und wäre ich dort, wer wäre dann, Liebster, hier bei dir?
Mein Herz hatte dich gar nicht verlassen,
voll Freude war's bei dir, du weißt selber wie.«

Drum wohl mir, wohl geschah mir mehr als hunderttausendfach.
Dein rosiger Mund tröstet mich
und löst von Fesseln das bedrückte Herz.

– Viel Freude und Lust erfuhren beide da,
bis rasch der Abend heranflog.
Ohne zu klagen, trennten sie sich dann.

9

Fröhlich will ich wieder singen
ein süßes Lied zu Ehren der edlen Dame.
»Heinz, Heinrich, jetzt erst werde ich Glück haben,
da du mir deine Aufwartung machst.«
O Herrin, und sagt Ihr das wirklich nicht im Spott?

»Sim nain es, Hainreich, sammer got.«
We heut, wol e. solt ich eur huld erwerben,
darumb lit ich den tod.
»Ist dir so we, dannoch soltu nicht sterben
und leiden grosse not.«

Mich freut eur leib darzue die guldin spangen   II
vor an den ermeln zart.
»Ich pin ain weib mit gürtel umbevangen
von adeleicher art.«
Ir secht recht sam ain volkenkel.
»Nu kan ich doch nicht fliegen snel.«
Vergieng das pau, ich verwäg mich zwaier oxen,
und wurd mir neur ain smutz.
»Was spräch dein sau, mein Hainzel Ungeloxen,
und prächstu disen trutz?«

Eur valbes har darzue die weissen hende   III
mir geben hohen muet.
»Du laichst mich zwar, des wett ich umb dein zende,
deucht es dich wesen guet.«
Mit meinen zenden fräss ich wol drei.
»Sim, wänstu, Hainzel Trittenprei?«
Mich näm unnider, oder ich sprung in ain wosser
von zorn in ainer gäch.
»Kämstu herwider dann für mich also nasser,
wie geren ich das säch.«

Ir edle mait, mich dunkt, ir welt mein spotten.   IV
neur wurd ich schier so frais.
»Zwar unversait ist dir ain dicker schotten
von meiner roten gaiss.«
Sim topfen hab ich ott selber gnueg.
»Dank hab, ain Hainzel Richtdenpflueg.«
Ich wil es klagen ott meiner lieben mueter,
das ir mich also smächt.
»Ge, smirb dein wagen und drisch den rossen fueter
als ander dein geslächt!«

»Aber nein doch, Heinrich, bei Gott nicht.«
Gestern wohl, heut weh. Sollte ich Eure Gnade gewinnen,
ich gäbe mein Leben dafür.
»Wenn dir so weh ist, du wirst doch nicht gar sterben
und große Not erleiden?«

Mich freut Euer Leib und die goldenen Spangen
an Euren zarten Handgelenken.
»Ich bin eine Frau von adliger Herkunft
und bin mit einem Gürtel geschmückt.«
Ihr schaut grad wie eine Falkenkehle aus.
»Aber ich kann doch nicht schnell fliegen.«   [Spiel,
Und wenn die Ernte draufginge, ich setzte zwei Ochsen aufs
wenn ich nur einen Kuß kriegte.
»Was würde da deine Sau sagen, mein Heinzel Ungeschlacht,
wenn du so hartnäckig wärst?«

Euer blondes Haar und auch die weißen Hände
machen mich hochgemut.
»Du foppst mich, da wette ich um deine Zähne,
wenn dir das gefällt.«
Meine Zähne sind gut, mit denen fräße ich wohl drei.
»Hm, glaubst du, Heinzel Tritt-in-Brei?«
Manche hochgestellte Dame nähme mich, oder wenn nicht,
so spränge ich vor Zorn gleich rasch ins Wasser.
»Kämst du dann so begossen wieder vor mich,
wie gern sähe ich das!«

Ihr edle Jungfrau, ich glaube, Ihr spottet meiner.
Da würde ich aber gleich ganz wild.
»Nicht abschlagen will ich dir einen dicken Quark
von meiner roten Geiß.«
Ach, Topfen hab ich ja selber genug.
»Ich dank dir, du Heinzel Richt-den-Pflug.«
Ich will es meiner lieben Mutter sagen,
daß Ihr mich so verspottet.
»Geh, schmier deinen Wagen, drisch Futter für die Rösser
wie andre deinesgleichen.«

10

Wolauff, wir wellen slaffen!   I
hausknecht, nu zünt ain liechtel,
wann es ist an der zeit,
damit wir nicht verkaffen,
der letzt sei gar verheit.
das laien, münch und pfaffen
zu unsern weiben staffen,
sich hüeb ain pöser streit.

Heb auff und lass uns trinken,   II
das wir also nicht schaiden
von disem gueten wein.
und lämt er uns die schinken,
so muess er doch herein.
her kopf, nu lat euch winken!
ob wir zu pette hinken,
das ist ain klainer pein.

Nu sleich wir gen der türen.   III
secht zue, das wir nicht wenken
mit ungeleichem trit.
was gilt des staubs ain üren?
her wirt, nu halt es mit!
wir wellen doch nicht züren,
ob ir euch wert beküren
nach pollinischem sit.

Her tragt den fürsten leise,   IV
damit er uns nicht velle
auff gotes ertereich!
sein lob ich immer preise,
er macht uns freudenreich.
ie ainr den andern weise!
wirt, slipf nicht auff dem eise,
wann es get ungeleich!

Wohlauf, wir wollen schlafen!
Hausknecht, nun zünd ein Licht an,
denn es ist an der Zeit.
Damit wir nicht zu lange herumgaffen.
Den letzten hol der Teufel.
Wenn Laien, Mönche und Pfaffen
zu unsern Weibern schleichen –
das gäbe einen bösen Krach.

Heb auf und laß uns trinken,
daß wir uns nicht so schnell trennen
von diesem guten Wein.
Und wenn er uns die Schinken lähmt,
rein muß er doch.
Herr Becher, laßt Euch grüßen!
Wenn wir ins Bett hinken,
das macht fast gar nichts.

Jetzt wollen wir vorsichtig zur Türe gehen.
Seht zu, daß wir nicht
mit ungleichen Tritten schwanken.
Was kostet ein Fäßlein von dem Sauser?
Herr Wirt, haltet mit!
Wir werden gewiß nicht zürnen,
wenn Ihr Euch nach polnischer Sitte
übergeben müßt.

Tragt Fürst Wein schön sanft einher,
damit er uns nicht
auf Gottes Erdreich wirft.
Sein Lob will ich immer singen,
er macht uns reich an Freuden.
Einer soll den andern führen!
Wirt, gleit auf dem Eis nicht aus,
denn es geht holprig.

Hin slaffen süll wir walzen. V
nu fragt das hausdierelein,
ob es gepettet sei.
das kraut hat si versalzen,
darzue ain gueten prei.
was süll wir darumb kalzen?
es was nicht wol gesmalzen;
der schäden waren drei.

Der mai mit lieber zal
die erd bedecket überal,   pühel, eben, perg und tal.
auss süessen voglin schal   erklingen; singen   hohen hal
galander, lerchen, droschel, nachtigal.
der gauch fleucht hinden hinnach   zue grossem ungemach
klainen vogelein   gogelreich. höret, wie er sprach:
»cu cu, cu cu, cu cu,
den zins gib mir,   den wil ich han von dir.
der hunger   macht lunger   mir   den magen schier.«
»ach ellent! nu wellent   sol ich?« so sprach das klaine vich.
küngel, zeisel, mais, lerch, nu kum, wir singen: oci
und tu ich, tu ich, tu ich, tu ich,
oci oci, oci oci, oci oci, fi,
fideli, fideli, fideli, fi,
ci cieriri ci, ci cieriri ci, ri ciwick cidiwick,
fici, fici.
so sang der gauch neur: kawa wa cu cu.
»Raco« so sprach der rab,
»zwar ich sing auch wol,   vol   muess ich sein.
das singen mein: scheub ein! herein! vol sein!«
»liri liri liri liri liri liri lon«
so sang die lerch,
   so sang die lerch,
   sa sang die lerch.

26

Zum Schlafen wollen wir torkeln.
Nun fragt das Hausmädchen,
ob das Bett gerichtet ist.
Sie hat das Kraut versalzen
und einen guten Brei.
Was sollen wir viel Geschrei drum machen?
Es war auch nicht gut geschmälzt,
so war gleich dreierlei verpatzt.

11

Der Mai bedeckt mit schönem Reichtum
die ganze Erde, Hügel, Ebene, Berg und Tal.
Von zarten Vöglein tönt und klingt es; hoch oben
singen Haubenlerche, Feldlerche, Drossel, Nachtigall.
Der Kuckuck fliegt hinterdrein und bedrängt
die kleinen lustigen Vöglein. Hört, was er sagte:
»ku ku, ku ku, ku ku,
zahl mir die Steuer, die will ich von dir haben.
Der Hunger läßt meinen Magen gleich begehrlich werden.«
»Ach weh! Wohin soll ich nun?« sprach da das kleine Getier.
Zaunkönig, Zeisig, Meise und Lerche, nun kommt,
wir wollen singen: ozi und tu ich, tu ich,
ozi ozi, ozi ozi, ozi ozi, fi,
fideli, fideli, fideli, fi,
zi zieriri zi, zi zieriri zi, ri ziwick, zidiwick,
fizi, fizi.
Der Kuckuck aber sang nur: kawa wa ku ku.
»Rako«, sprach der Rabe,
»ja ich kann auch schön singen, aber satt muß ich sein.
Mein Singen lautet: schieb rein, hinein, voll sein!«
»Liri liri liri liri liri liri lon«,
so sang die Lerche,
so sang die Lerche,
so sang die Lerche.

»ich sing hel ain droschelein,
　　ich sing hel ain droschelein,
　　ich sing hel ain droschelein,
　　das in dem wald erklingt.«
ir lierent,　zierent,
　　gracket,　gracket und wacket　hin und her
　　recht als unser pfarrer.
cidiwick, cidiwick, cidiwick,
cificigo, cificigo, cificigo,
　　nachtigal,
dieselb mit irem gesang behüeb den gral.
»Upchachi« so sprach das fül,
»lat uns auch darzue!«　frue　vert die kue.
der esel lue:　»her, sack,　auff meinen nack!«
»rigo rigo rigo rigo rigo rigo kum!«
so rueft die mül,
　　so rueft die mül,
　　so rueft die mül.
»ker ab!« sprach die mülnerin.
　　»heb auff!« schrai die päurin,
　　»nu trag hin, mein eselin!
　　da, da!　prusta:　i-a!
nu leir,　nicht veir,
　　pis dir der geir
　　die haut abziehen wirt pei dem weir!«
wol auff! wol auff! wol auff!
wol auff! sailer, pint auff! schint dich, Walpurg!
　　rügel dich, guet waidman,
mit jagen, paissen, roggen in dem tan!

»Ich, das Drosselein,
ich, das Drosselein,
ich, das Drosselein, singe hell,
daß es im Wald erklingt.«
So tiriliert und zwitschert ihr,
krächzt und kräht und hüpft hin und her
gerade wie unser Pfarrer.
Zidiwick, zidiwick, zidiwick,
zifizigo, zifizigo, zifizigo,
die Nachtigall,
sie erwürbe wohl den Gral mit ihrem Gesang.
»Upchachi«, sprach das Fohlen,
»laßt uns auch mithalten!« Die Kuh ist früh auf.
Der Esel schrie: »Komm her, Sack, auf meinen Nacken!«
»Rigo rigo rigo rigo rigo rigo, komm!«
so rief die Mühle,
so rief die Mühle,
so rief die Mühle.
»Hau ab!« sagte die Müllerin.
»Heb auf«, schrie die Bäuerin,
»nun trag's hin, mein Eselein!
Da, da! Schnaube nur dein I-ah!
Sei nicht faul und mache Musik,
bis dir der Geier
am Weiher die Haut abzieht!«
Wohl auf, wohl auf, wohl auf!
Spann auf, Seiler! Plag dich, Walburg!
Tummel dich, lieber Jäger,
mit Jagen, Beizen, Vogelstellen im Wald!

Ach senleiches leiden, I
   meiden, neiden, schaiden, das tuet we.
pesser wär versunken in dem se.
Zart minnikleiches weib,
   dein leib mich schreibt und treibt gen Josaphat.
herz, muet, sin, gedank ist worden mat.
Es schait der tod, ob mir dein treu nicht helfen wil,
auss grosser not; mein angst ich dir verhil.
Dein mündlein rot
   hat mir so schier mein gir erwecket vil;
des wart ich genaden an dem zil.

Mein herz in jamer vicht, II
   erpricht. bericht und slicht den kumer jo!
frau, schidlicher freuntschaft wart ich so
Recht als der delephin,
   wenn in der sin füert hin zu wages grunt
vor dem sturm und darnach wirt erzunt
Von sunnen glast, die im erkückt all sein gemüet.
herzlieb, halt vast durch all dein weiplich güet!
Lass deinen gast
   nicht sterben, serben, werben in unfrüet!
in ellenden pein ich tob und wüet.

Mein haubt das ist beklait III
   mit waffen, slaffen, straffen die natur,
das mich zwingt ain stund für tausent ur.
Wenn ich mein lait betracht
   die nacht, so wacht mein macht mit klainer kraft,
und ich freuden ganz wird sigehaft.
Mich niemand tröst, und ist mein leiden sicher gross.
mein herz das wirt geröst mit manchem seuftenstoss.
Ach we, wann wirt erlöst
   mein trauren? tauren, lauren negt und posst,
damit ich der sinn wird gar emplosst.

12

Ach schmerzlich Sehnen,
Meiden, Streiten, Abschiednehmen, das tut weh.
Es wäre besser, im Meer versunken zu sein.
Zarte liebliche Frau,
du verbannst und treibst mich fort nach Josaphat.
Herz und Gemüt, Sinnen und Denken ist mir matt geworden.
Nur der Tod löst mich aus dieser großen Qual,
wenn deine Treue mir nicht hilft. Meine Angst kannst du
Dein rotes Mündlein   nicht sehen.
hat mir oft mein Verlangen so heftig geweckt;
von ihm erhoffe ich endlich Gnade.

Mein Herz kämpft sich im Jammer ab und droht zu brechen.
Ordne und sänftige doch den Kummer!
O Herrin, ich warte auf freundliche Schlichtung
so sehr wie der Delphin,
wenn ihn seine Klugheit hinabführt auf den Meeresgrund
vor dem Sturm, nachher aber erglüht er
im Glanz der Sonne, die ihm sein Herz erquickt.
Ach Liebste, bei all deiner weiblichen Güte: bleib treu!
Laß deinen Freund
nicht sterben, siechen, in Trübsal leben!
Im Schmerz des Meidens bin ich rasend und von Sinnen.

Mein Haupt ist zugedeckt
von Wehrufen, Ermatten und innerem Widerstreit,
die mich in einer Stunde mehr bedrängen als sonst in tausend.
Wenn ich nachts mein Leid bedenke,
so wache ich und bin ganz schwach
und muß alle Freude vertreiben.
Niemand tröstet mich, mein Elend ist wahrlich groß.
Mein Herz wird verbrannt unter manchem Stoßseufzer.
Ach, wann werde ich aus meinem Trauern erlöst?
Warten und Harren zernagt und zerstößt mich,
dabei komme ich ganz von Sinnen.

31

Wer machen well den peutel ring, I
und im desselben wol geling,
der frag den weg gen Überling,
da gelten vierzen pfifferling
fünfzehn schilling   der Costnitzer geslagen;
Und sechzen haller umb ain ai,
der zwen und dreissig gelten zwai.
flaisch lützel, kraut ain gross geschrai.
auss klainer schüssel gat der rai
von mangem lai,   dem hungrig ist sein magen.
Ain wassermues in ainer pfann,
die praten kurz gemessen;
wildprät und visch die sein im pann,
der tar man da nicht essen.
damit wolumb. »Hebt euch von dann!
ir seit zu lang gesessen.
zwen groschen so geb jedermann,
des sült ir nicht vergessen,
wol anhin hessen.
Nicht lenger ich gepeiten mag.
nu ziecht die riem, gesellen!
nach dem so ist kain andre frag,
ich gib euch kurze ellen
und nim die langen nach dem tag.
das gelt lat von euch snellen!
zal, gilt, du muest! das ist mein sag.
ich wolts nicht anders wellen
mit ainer kellen.«

Vast süesser wein als slehentrank II
der reuhet mir die kel so krank,
das sich verirt mein hels gesank;
dick gen Traminn stet mein gedank;
sein herter twank   pringt scharffen ungelimpfen.

Wer seinen Beutel leicht machen will,
der soll, damit ihm das gelingt,
sich nach Überlingen durchfragen.
Da kosten vierzehn Pfifferlinge
fünfzehn Schillinge Konstanzer Prägung;
und sechzehn Heller werden für ein Ei bezahlt,
zweiunddreißig für zwei.
Von Fleisch ist wenig, von Kraut viel die Rede.
Aus einer kleinen Schüssel läßt manch einer
mit hungrigem Magen den Löffel tanzen.
Wassermus in einem Topf,
Bratenstücke knapp bemessen.
Wildbret und Fisch sind in Acht und Bann,
die wagt man dort nicht zu essen.
Und damit aus! »Nun geht weiter!
Ihr seid schon zu lange hier gesessen.
Jeder soll noch zwei Groschen zahlen,
nicht zu vergessen,
und dann macht euch schleunigst davon!
Ich kann nicht mehr länger warten.
Zieht eure Beutel, Gesellen!
Dies ist das letztemal, daß ich im guten drum bitte.
Ich gebe euch knappe Ware
und nehme am Abend reichlich dafür.
Laßt euer Geld springen!
Zahl, gib her, du mußt, sage ich.
Mit einer Suppenkelle
könnte ich's nicht besser schöpfen.«

Ein Wein, so süß wie Schlehentrank,
macht mir die Kehle rauh und schwach,
daß mein klarer Gesang ganz verwirrt wird
(da denke ich sehnsüchtig an Tramin);
seine scharfe Kraft gibt böses Unbehagen.

Wann er geit freud und hohen muet,
recht als der sack dem esel tuet;
sein räss erschrecket mir das pluet,
davon so wird ich swach, unfruet;
sein wilde fluet   schafft mir den triel verrimpfen.
Auch vint man wunder kurzweil vil
da mitten auf dem platze
mit tanzen, springen, saitenspil
von ainer rauhen katze.
gen Überling ich nicht enwil
mer fragen nach dem schatze,
ich wolt dann ainen slegelstil
da kauffen umb ain ratze
in zu tratze.
Mein wirt der was beschaiden zwar,
er schied das gold von leder,
das nam ich an der pettstat war:
zwelf pfennig gulten ain veder;
und käm ain alter karren dar,
er liess im niena reder.
sein lob ich nicht gepreisen tar
als ainem paum von zeder,
denselben fleder.

Den pesten schatz ich da verschreib,   III
zwar das was mist und alte weib
und vaisste swein, gemest von kleib,
vil flöch mit langer weil vertreib;
der pauren leib   wolt mir nicht lenger smecken.
Doch reut mich noch ain klainat kraus,
das was die dieren von dem haus:
zwai prüstlin als ain fledermaus
trueg si vor an irs herzen paus;
ir kratzen, zaus   vil mangen tet erschrecken.
Zwai smale füesslin als ain schilt
trueg si in praiten schuehen,
darob die painlin, wol gedilt,

Denn er macht einem so viel Freude und gute Stimmung
wie der Sack dem Esel.
Seine Säure läßt mir das Blut gerinnen,
davon werde ich ganz schwach und grantig.
Dieser Wildbach läßt mich das Maul verziehen.
Auch findet man dort auf dem Marktplatz
unglaublich viel Unterhaltung
beim Tanzen, Singen und Musizieren
einer struppigen Katze.
Nach Überlingen will ich nicht mehr,
um Kostbarkeiten zu suchen,
höchstens, daß ich da einen Knüppel
kaufte um eine Ratte,
ihnen zum Trotz.
Mein Wirt war gar nicht dumm,
er wußte Geld aus den Beuteln zu holen,
das merkte ich an meinem Bett:
zwölf Pfennig zahlte ich für eine jede Bettfeder;
und wenn ein alter Karren dorthin käme,
er nähme ihm noch die Räder ab.
Seinen Ruhm darf ich nicht
einem Zederbaum gleichstellen.
Dieser Halunke!

Die größte Kostbarkeit, die ich da fand,
das war Mist, alte Weiber,
feiste Schweine, mit Kleie gemästet,
und Flöhe zum Zeitvertreib.
Diese Bauern wollten mir nicht auf die Dauer schmecken.
Doch tut's mir noch leid um ein gelocktes Kleinod,
das war das Mädchen vom Haus:
Zwei Brüstlein wie eine Fledermaus
trug sie vorne am Brustkorb.
Ihr Kratzen und Zausen hat manchen verschreckt.
Zwei zierliche Füßlein wie Bretter
hatte sie in ihren zertretenen Schuhen,
darauf zwei Beinlein, fein gezimmert

recht als ain dicke puechen.
ir ermlin, hendlin sind gevilt
weiss als ain swarze ruechen.
mit grossen slegen was si milt,
durch sweren und durch fluechen
kund si das tuechen.
Verporgen was der liechte glanz
von perlin und von spangen
zu Überlingen an dem tanz,
und, da man inn solt prangen,
unlöblich was des maien kranz
pei röselochten wangen.
neur pei dem ofen stuend mein schanz
mit kindsgeschrai umbvangen,
das tet mich pangen.

14

Es fuegt sich, do ich was von zehen jaren alt,
ich wolt besehen, wie die welt wär gestalt.
mit ellend, armuet mangen winkel haiss und kalt
hab ich gepaut pei cristen, kriechen, haiden.
Drei pfenning in dem peutel und ain stücklin prot
das was von haim mein zerung, do ich loff in not.
von fremden freunden so hab ich manchen tropfen rot
gelassen seider, dass ich want verschaiden.
Ich loff zu fuess mit swärer puess, pis das mir starb
mein vater zwar, wol vierzen jar, nie ross erwarb,
wann ains raubt, stal ich halbs zumal mit valber varb
und des geleich schied ich davon mit laide.
Zwar renner, koch so was ich doch und marstallär,
auch an dem rue- der zoch ich zue mir, das was swär,
in Kandia und anderswa auch wider här.
vil mancher kitel was mein pestes klaide.

wie ein dicker Buchenstamm.
Ihre Ärmlein und Händlein haben eine Haut
so weiß wie eine schwarze Krähe.
Mit vielen kräftigen Schlägen war sie freigebig,
und in Schwüre und Flüche
konnte sie die einwickeln.
Der schimmernde Glanz von Perlen und Spangen
war da beim Tanz zu Überlingen
nicht zu sehen,
und der Maienkranz,
in dem man mit rosigen Wangen prangen sollte,
war armselig.
Ich konnte meine Zuflucht nur zum Ofen nehmen,
aber der war von Kindergeschrei umgeben,
von dem wurde mir ganz angst und bang.

14

Es fügte sich, als ich zehn Jahre alt war,
da wollte ich die Welt kennenlernen.
In Not und Armut, in manchem heißen, manchem kalten Winkel
habe ich seither gehaust, bei Christen, Orthodoxen, Heiden.
Drei Pfennige und ein Stücklein Brot im Beutel
waren meine Wegzehrung von daheim, als ich ins Elend lief.
Von falschen Freunden habe ich seitdem
manchen Tropfen Blut gelassen, daß ich schon zu sterben glaubte.
Ich lief zu Fuß wie ein Büßer, vierzehn Jahre lang,
bis mein Vater starb, und nie kriegte ich ein Pferd,
nur eines, einen Falben: halb raubte, halb stahl ich ihn,
und auf die gleiche Weise wurde ich ihn wieder mit Schaden los.
Ich war Laufbote, Koch, wahrhaftig, und Pferdemeister,
auch am Ruder zog ich, das war schwer,
bis nach Kreta und sonstwohin und wieder zurück.
Oft war ein einfacher Kittel mein bestes Kleid.

Gen Preussen, Littwan, Tartarei, Türkei, über mer, II
gen Lampart, Frankreich, Ispanien mit zwaien küngesher
traib mich die minn auff meines aigen geldes wer,
Rueprecht, Sigmund, paid mit des adlers streiffen.
Franzoisch, mörisch, katlonisch und kastilian,
teutsch, latein, windisch, lampertisch, reuschisch und roman,
die zehen sprach hab ich gepraucht, wann mir zeran;
auch kund ich vidlen, trummen, pauken, pfeiffen.
Ich hab umbvarn insel und arn, manig lant
auff scheffen gross, der ich genoss von sturmes pant,
des hoch und nider meres gelider vast berant;
die Swarze Se lert mich ain vass begreiffen,
Do mir zerprach mit ungemach mein wargatin.
ain kauffmann was ich, doch genas ich und kam hin,
ich und ain Reuss; in dem gestreuss haubtguet, gewin
das suecht den grund und swam ich zue dem reiffen.

Ain künigin von Arragun was schön und zart, III
dafür ich kniet zu willen raicht ich ir den part,
mit hendlein weiss pand si darin ain ringlin zart
lieplich und sprach: »non maiplus disligaides.«
Von iren handen ward ich in die oren mein
gestochen durch mit ainem messin nädelein,
nach ir gewonhait sloss si mir zwen ring darein,
die trueg ich lang, und nent man sie racaides.
Ich suecht ze stunt künig Sigmunt, wo ich in vant.
den mund er spreutzt und macht ain kreutz, do er mich
                                                kant;
der rueft mir schier: »du zaigest mir hie disen tant?«
freuntlich mich fragt: »tuen dir die ring nicht laides?«
Weib und auch man mich schauten an mit lachen so;
neun personier künklicher zier die waren do

Nach Preußen, Litauen, in die Tatarei, Türkei und übers Meer
zog ich mit eigenen Mitteln, getrieben von der Minne; in die
                                                    Lombardei,
nach Frankreich und Spanien mit den Heeren zweier Könige,
Ruprecht und Sigmund, beide mit dem Adlerwappen.
Französisch, maurisch, katalanisch, kastilisch, deutsch,
lateinisch, windisch, lombardisch, russisch und ladinisch,
diese zehn Sprachen habe ich gesprochen, wenn mich die Not
                                                    ankam.
Auch konnte ich fiedeln, trommeln, pauken, pfeifen.
Ich bin um Inseln, Halbinseln und um manches Land gefahren
auf großen Schiffen, die mich vor den Fesseln des Sturms
                                                    retteten,
und so bin ich über alle Teile des Meeres gerast, hinauf und
                                                    hinab.
Das Schwarze Meer lehrte mich, ein Faß zu umklammern,
als zu meinem Unglück mein Schiff zerbrach,
ich war damals Kaufmann, doch blieb ich heil und kam davon,
ich und ein Russe; in diesem Gefecht fuhr Kapital samt
                                                    Gewinn
zum Meeresgrund, und ich schwamm an das Ufer.

Eine Königin von Aragonien, schön und zart war sie,
vor der kniete ich und reichte ihr ergeben meinen Bart hin;
mit weißen Händlein band sie ein feines Ringlein hinein,
freundlich, und sprach »non maiplus disligaides«.
Von ihrer Hand wurden mir auch die Ohren
mit einer kleinen Messingnadel durchstochen,
und sie schloß mir, wie es dort Sitte ist, zwei Ringe hinein;
die habe ich lange getragen; sie werden racaides genannt.
Alsbald suchte ich König Sigmund auf, wo er gerade war.
Er riß den Mund auf und bekreuzigte sich, als er mich
                                                    erkannte;
er rief mir gleich zu: »Was zeigst du mir da für Tand?«
und fragte mich freundlich: »Tun dir die Ringe nicht weh?«
Die ganze Gesellschaft betrachtete mich da lachend;
da waren neun Persönlichkeiten von königlichem Rang,

ze Pärpian,   ir pabst von Lun   genant Petro,
der römisch künig der zehent, und die von Praides.

Mein tummes leben wolt ich verkeren, das ist war, IV
und ward ain halber beghart wol zwai ganze jar.
mit andacht was der anvank sicherlichen zwar,
het mir die minn das ende nicht erstöret.
Die weil ich rait und suechet ritterliche spil
und dient zu willen ainer frauen, des ich hil,
die wolt mein nie genaden ainer nussen vil,
pis das ain kutten meinen leib betöret.
Vil manig ding   mir do gar ring   in handen gieng,
do mich die kappen   mit dem lappen   umbevieng.
zwar vor und seit   mir nie kain meit   so wol verhieng,
die meine wort freuntlich gen ir gehöret.
Mit kurzer snuer   die andacht fuer   zum gibel auss,
do ich die kutt   von mir do schutt   in nebel rauss.
seit hat mein leib   mit laidvertreib   vil mangen strauss
geliten und ist halb mein freud erfröret.

Es wär zu lang, solt ich erzelen all mein not. V
ja zwinget mich erst ain ausserweltes mündlin rot,
davon mein herz ist wund pis in den pittern tot.
vor ir mein leib hat mangen swaiss berunnen;
Dick rot und plaich hat sich verkert mein angesicht,
wann ich der zarten dieren hab genumen pflicht,
vor zittern, seufzen hab ich oft empfunden nicht
des leibes mein, als ob ich wär verprunnen.
Mit grossem schrick   so pin ich dick   zwai hundert meil
von ir gerost   und nie getrost   zu kainer weil;
kelt, regen, sne   tet nie so we   mit frostes eil,
ich prunne, wenn mich hitzt der lieben sunne.
Won ich ir pei,   so ist unfrei   mein mitt und mass.

dort zu Perpignan, und ihr Papst namens Petrus von Luna,
der Römische König war der zehnte, dazu noch die Frau von
Prades.

Mein törichtes Leben wollte ich ändern, das ist wahr,
und so wurde ich für zwei ganze Jahre ein halber Begharde.
Der Anfang war ehrlich und gewiß voller Frömmigkeit,
wenn mir nur die Liebe nicht das Ende gestört hätte.
Ich war geritten und hatte Ritterwesen gesucht
und hatte einer Dame ergeben gedient, wovon ich schweige;
doch die wollte mir keine Nußschale voll Gunst erweisen,
ehe eine Kutte mich zum Narren machte.
Da ging dann manches gar leicht,
als mich der Kapuzenmantel mit den Zipfeln kleidete.
So etwas Gutes hat mir gewiß kein anderes Mädchen jemals
auferlegt,
das die freundlichen Worte anhörte, die ich zu ihr sprach.
Schnurstracks fuhr meine Andacht durch das Dachfenster
in den Nebel hinaus, als ich die Kutte abschüttelte.
Seither habe ich um Liebesglück manchen Kampf erlitten,
und meine Freude ist fast erfroren.

Es wäre zu lang, wollte ich alle meine Not erzählen.
Doch vor allem bedrängt mich ein edler roter Mund,
von dem ist mein Herz auf den bittern Tod verwundet.
Wenn ich vor ihr stand, ist mir oft der Schweiß ausgebrochen;
oft ist mein Gesicht erst rot, dann bleich geworden,
wenn ich in die Gegenwart des zarten Mädchens kam,
vor Zittern und Seufzen habe ich oft meinen eigenen Leib
nicht mehr gespürt, als wäre ich ausgebrannt.
Oft bin ich mit großem Entsetzen von ihr fortgerannt
zweihundert Meilen weit, und niemals schöpfte ich Hoffnung.
Frost, Regen, Schnee konnten mich nie so schmerzen mit
jagender Kälte,
daß ich nicht gebrannt hätte, erhitzt von der Sonne der
Geliebten.
Wenn ich bei ihr bin, so ist mein ganzes Wesen bedrückt.

von meiner frauen so muess ich pauen ellende strass
in wilden rat, pis das genad lat iren hass,
und hulff mir die, mein trauren käm zu wunne.

Vier hundert weib und mer an aller manne zal   VI
vand ich ze Nyo, die wonten in der insel smal;
kain schöner pild besach nie mensch in ainem sal:
noch mocht ir kaine disem weib geharmen.
Von der ich trag auff meinem ruck ain swäre hurt,
ach got, west si doch halbe meines laides purt,
mir wär vil dester ringer oft, wie we mir wurt,
und het geding, wie es ir müest erparmen.
Wenn ich in ellend dick mein hend oft winden muess,
mit grossem leiden tuen ich meiden iren gruess,
spat und auch frue mit kainer rue so slaff ich suess,
das klag ich iren zarten, weissen armen.
Ir knaben, mait, bedenkt das lait, die minne pflegen,
wie wol mir wart, do mir die zart pot iren segen.
zwar auff mein er, west ich nicht mer ir wider gegen,
des müest mein aug in zähern dick erwarmen.

Ich han gelebt wol vierzig jar leicht minner zwai   VII
mit toben, wüeten, tichten, singen mangerlai;
es wär wol zeit, das ich meins aigen kinds geschrai
elichen hört in ainer wiegen gellen.
So kan ich der vergessen nimmer ewikleich,
die mir hat geben muet auff disem erterich;
in all der welt kund ich nicht vinden iren gleich.
auch fürcht ich ser elicher weibe pellen.
In urtail, rat vil weiser hat geschätzet mich,
dem ich gevallen han mit schallen liederlich.
ich Wolkenstain leb sicher klain vernünftiklich,
das ich der welt also lang beginn zu hellen.

So muß ich wegen meiner Geliebten auf fremden Wegen
wo Hilfe fern ist, bis Gnade von ihrem Haß läßt.   ziehen,
Hülfe sie mir, mein Leid würde zu Wonne.

Vierhundert Frauen oder mehr ohne irgend einen Mann
habe ich zu Ios gesehen (die wohnten auf dieser kleinen Insel);
kein Mensch hat je in einem Saal ein schöneres Kunstwerk
                                                                          erblickt,
und doch konnte keine von ihnen sich mit dieser Frau messen.
Sie, von der ich eine schwere Last auf meinem Rücken trage,
ach Gott, wüßte sie nur um die Hälfte meiner Leidesbürde,
so wäre mir oft schon viel leichter, wie weh mir auch wäre,
und ich könnte hoffen, daß sie sich erbarmte.
Denn fern von ihr muß ich oft meine Hände ringen,
unter großem Schmerz entbehre ich ihren Gruß,
ruhelos bin ich und kann nicht spät noch früh sanft schlafen,
das klage ich ihren zarten weißen Armen.
Ihr Burschen und Mädchen, die ihr Liebe kennt,
bedenkt mein Leid, bedenkt, wie mir zumute war,
                    als mir die zarte den Abschiedssegen gab.
Bei meiner Ehre, wüßte ich, daß ich sie nie wiedersähe,
mein Auge müßte oft von Tränen heiß werden.

Ich habe nun an die vierzig Jahre gelebt – nur zwei fehlen
                                                                          noch –
Mit Wahnsinn und Rasen, mit mancherlei Dichten und Singen.
Es wäre wohl Zeit, daß ich das Geschrei
meines eigenen ehelichen Kindes in einer Wiege gellen hörte.
Doch nie und nimmer kann ich die vergessen,
die mir in diesem Leben das Gemüt erweckt und erhoben hat.
In aller Welt konnte ich nicht ihresgleichen finden.
Auch fürchte ich sehr das Bellen von Ehefrauen.
Mancher weise Mann hat mich zu Urteil und Rat heran-
dem ich durch lockere Lieder gefallen hatte.   gezogen,
Ich, Wolkenstein, lebe wahrlich sehr wenig weise,
daß ich so lange mit der Welt zusammenstimme.

Und wol bekenn, ich waiss nicht, wenn ich sterben sol,
das mir nicht scheiner volgt wann meiner werche zol.
het ich dann got zu seim gepot gedienet wol,
so vorcht ich klain dort haisser flammen wellen.

15

Ain tunkle varb in occident   I
mich senlichen erschrecket,
seit ich ir darb und lig ellent
des nachtes ungedecket.
Die mich zu fleiss mit ermlin weiss und hendlin gleiss
kan frölich zue ir smucken,
die ist so lang, das ich von pang in dem gesang
mein klag nicht mag verdrucken.
Von strecken krecken mir die pain,
wenn ich die lieb beseufte,
die mir mein gir neur went allain
darzue meins vaters teuchte.

Durch winkenwank ich mich verker   II
des nachtes ungeslaffen,
girleich gedank mir nahent verr
mit unhilfflichem waffen.
Wenn ich mein hort an seinem ort nicht vind alldort,
wie oft ich nach im greiffe,
so ist neur, ach, mit ungemach feur in dem dach,
als ob mich prenn der reiffe.
Und winden, pinden sunder sail
tuet si mich gar gen tage.
ir mund all stund weckt mir die gail
mit seniklicher klage.

Also vertreib ich, liebe Gret,   III
die nacht pis an den morgen.

Und ich sehe wohl, daß ich nicht weiß, wann ich sterben muß,
und daß mir dann kein anderer Glanz folgt als die Frucht
meiner Werke.
Hätte ich dann Gott nach seinem Gebot gedient,
so fürchtete ich nicht das Wallen heißer Flammen dort.

15

Dunkle Farbe im Westen
erschreckt mich schmerzlich,
weil ich sie nicht habe und einsam liege
bei Nacht, bloß und verlassen.
Sie, die mich mit hellen Armen und weißen Händen
eifrig, fröhlich an sich drücken kann,
die ist so fern, daß ich vor Angst in meinem Lied
das Klagen nicht unterdrücken kann.
Vom Herumwälzen knacken mir die Glieder,
wenn ich nach der Lieben seufze,
die allein mein Verlangen stillen könnte
und den Krampf meiner Lenden.

Ich wälze und werfe mich des Nachts
schlaflos hin und her.
Verlangende Gedanken kommen aus der Ferne
und dringen mit unwiderstehlicher Gewalt auf mich ein.
Wenn ich meinen Schatz nicht da an ihrem Platz finde,
sobald ich nach ihr greife,
so ist bei mir Feuer im Dach, ach große Plage,
mir ist, als ob ich vom Frost gebrannt würde.
Dann fesselt sie mich ohne Seil
und quält mich bis zum Morgen.
Ihr Mund weckt mir immer wieder Verlangen
und sehnenden Schmerz.

So, liebe Grete, verbringe ich
die Nacht bis zum Morgen.

dein zarter leib   mein herz durchget,
das sing ich unverporgen.
Kum, höchster schatz! mich schreckt ain ratz   mit grossem tratz,
davon ich dick erwache,
die mir kain rue   lat spat noch frue;   lieb, darzu tue,
damit das pettlin krache!
Die freud   ich geud   auff hohem stuel,
wenn das mein herz bedenket,
und mich   hoflich   mein schöner puel
gen tag freuntlichen schrenket.

16

Wolauff, wolan!   I
kind, weib und man,
seit wolgemuet,
frisch, frölich, fruet!
tanzen, springen,
härpfen, singen
gen des zarten
maien garten   grüene!
Die nachtigal,
der droschel hal
perg, au erschellet.
zwai gesellet
freuntlich kosen,
haimlich losen,
das geit wunne
für die sunne   küene.
  Amplick herte,
  der geverte
  süll wir meiden
  von den weiben   ungestalt.
  Mündlin schöne,
  der gedöne
  macht uns höne   manigvalt.

Der Gedanke an deinen schönen Leib geht mir durch und
das singe ich vor allen Leuten. durch,
Komm, höchstes Gut!
Mich erschreckt oft eine Ratte
mit ihrer Ungebärdigkeit, daß ich davon erwache;
sie läßt mir zu keiner Stunde Ruhe.
Sieh zu, mein Lieb, daß unser Bettlein kracht.
Wie auf einem Freudenthron möchte ich jubeln,
wenn ich mir vorstelle, daß mein feines, schönes Liebchen
mich gegen Morgen liebevoll umarmt.

16

>Wohlauf, nur zu!
Seid allesamt
guter Dinge,
frisch, fröhlich und munter!
Wir wollen tanzen, springen,
harfen und singen
dem grünen Garten
des lieblichen Mai zum Willkomm!
Die Nachtigall
und der Gesang der Drossel
schallt durch Berg und Au.
Zu zweien gesellt
verliebt schwätzen,
vertraut herzen,
das erquickt und freut
noch mehr als die starke Sonne.
    Das finstere Gesicht
    und das Gebaren
    von häßlichen Frauen
    wollen wir meiden.
    Schöne Mündlein –
    deren unterhaltsames Plaudern
    macht uns stolz und froh.

　　　　Rauha, steudli,　　　　　　　　　　　II
　　　　lupf dich, kreudli!
　　　　in das pädli,
　　　　Ösli, Gredli!
　　　　pluemen plüede
　　　　went uns müede.
　　　　laubes decke
　　　　rauch bestecke,　mätzli!
　　　　Pring den puttern!
　　　　lass uns kuttern:
　　　　»wascha, maidli,
　　　　mir das schaidli!«
　　　　»reib mich, knäbli,
　　　　umb das näbli!
　　　　hilfst du mir,
　　　　leicht vach ich dir　das rätzli.«

　　　　[Repeticio ut supra]

　　　　Ju haia hai,　　　　　　　　　　　　III
　　　　zierlicher mai,
　　　　scheub pfifferling,
　　　　die mauroch pring!
　　　　mensch, laub und gras,
　　　　wolf, fuchs, den has
　　　　hast du erfreut,
　　　　die welt bestreut　grüenleichen.
　　　　Und was der winder
　　　　vast hinhinder
　　　　in die mauer
　　　　tieffer lauer
　　　　het gesmogen
　　　　ser betrogen,
　　　　die sein erlöst,
　　　　mai, dein getröst　fröleichen.

　　　　[Repeticio ut supra]

Belaub dich, Stäudlein!
Erheb dich, Kräutlein!
In das Bad,
Oswald und Grete!
Blumenblüte
vertreibt uns die Müdigkeit.
Steck ein Dach
von grünen Zweigen auf, Mädchen!
Bring den Bottich!
Laß uns schäkern:
»Wasch mir das Scheitlein,
Mädchen!«
»Reib mich ums Nabelchen,
Bub!
Wenn du mir hilfst,
fang ich vielleicht dein Mäuslein.«

[Refrain]

Juchheißa,
köstlicher Mai,
laß Pfifferlinge wachsen,
bring Morcheln!
Du hast die Menschen, Laub und Gras,
den Wolf, den Fuchs
und den Hasen erfreut,
die Welt mit Grün bestreut.
Und was der Winter
betrogen
und ganz hinten hinein
ins Gemäuer
zu langer Wartezeit
gedrückt hat,
das ist jetzt durch dich, Mai,
zu fröhlicher Hoffnung befreit.

[Refrain]

»Nu huss!« sprach der Michel   von Wolkenstain,   I
»so hetzen wir!« sprach Oswalt   von Wolkenstain,
»za hürs!« sprach her Lienhart   von Wolkenstain,
»si müessen alle fliehen   von Greiffenstain geleich.«

Do hueb sich ain gestöber   auss der glüet   II
all nider in die köfel,   das es alles plüet.
panzer und armbrost   darzue die eisenhüet
die liessens uns zu letze.   do wurd wir freudenreich.

Die handwerch und hütten   und ander ir gezelt   III
das ward zu ainer aschen   in dem obern velt.
ich hör, wer übel leihe,   der sei ain pöser gelt:
also well wir bezalen,   herzog Fridereich.

Schallmützen, schallmeussen   niemand schiet.   IV
das geschach vorm Raubenstain   in dem riet,
das mangem ward gezogen   ain spannlange niet
von ainem pfeil, geflogen   durch armberost gepiet.

Gepauren von Sant Jörgen,   die ganz gemaine,   V
die heten uns gesworen   valsch unraine.
do kamen guet gesellen   von Raubenstaine:
»got grüess euch, nachgepauren,   eur treu ist klaine.«

Ain werffen und ain schiessen,   ain gross gepreus   VI
hueb sich an verdriessen.   glöggel dich und seus!
nu rüer dich, guet hofeman,   gewin oder fleus!
auch ward daselbs besenget   vil dächer unde meus.

Die Botzner, der Ritten   und die von Meran,   VII
Häfning, der Melten,   die zugen oben hran,
Särntner, Jenesier,   die fraidige man,
die wolten uns vergärnen,   do kamen wir dervon.

17

»Nun huß!« sprach Michael von Wolkenstein.
»So hetzen wir!« sprach Oswald von Wolkenstein.
»Drauf!« sprach Leonhard von Wolkenstein.
»Sie müssen alle miteinander von Greifenstein fliehen.«

Da begann ein Stürmen von Feuerglut
hinunter in die Felsen, daß alles leuchtete.
Panzer und Armbrust und auch ihre Eisenhüte
hinterließen sie uns, das hat uns wohl behagt.

Ihre Maschinen und Buden und ihr ganzes Lager
wurde zu Asche im oberen Feld.
Man sagt, wer übel ausleiht, kriegt schlecht zurückgezahlt.
So wollen wir bezahlen, Herzog Friedrich.

Niemand trennte das Scharmützeln und Scharmetzeln.
Vor dem Rafenstein im Ried geschah es,
daß manchem ein spannenlanger Nagel eingezogen wurde
von einem Pfeil, der von der Gewalt einer Armbrust
                                            geflogen kam.

Die Bauern von Sankt Georgen, die ganze Gemeinde,
die hatten uns falsch und meineidig geschworen.
Da kamen unsere Freunde vom Rafenstein:
»Gott zum Gruß, ihr vom Nachbardorf, wo bleibt eure
                                            Treue?«
Ein Schleudern und Schießen, ein großer Radau
fing da nicht langweilig an. Tummel dich und schrei!
Jetzt reg dich, lieber Höfling, gewinn oder verlier!
Auch sind da viele Häuser verbrannt samt den Mäusen.

Da zogen die Bozener, die vom Ritten und die von Meran,
die von Hafling und Mölten von oben herbei,
und auch die Sarntaler und Jenesier, trutzige Leute:
die wollten uns einfangen. Da kamen wir davon.

51

1 Ain anefank I
an götlich vorcht die leng und kranker gwissen
und der von sünden swanger ist,
das sich all maister flissen,
an got, allain mit hohem list,
noch möchten si das end nicht machen guet:
Des pin ich krank
an meiner sel, zwar ich verklag mein sterben
und pitt dich, junkfrau sant Kathrein,
tue mir genad erwerben
dort zue Marie kindelein,
das es mich haben well in seiner huet.
Ich dank dem herren lobesan,
das er mich also grüesst,
mit der ich mich versündet han,
das mich die selber püesst.
dapei ain ieder sol versten,
das lieb an laid die leng nicht mag ergen.

2 Ain frauenpilt, II
mit der ich han mein zeit so lang vertriben,
wol dreuzen jar und dennoch mer
in treuen stät beliben
zu willen nach irs herzen ger,
das mir kain mensch auff erd nie liebers wart –
Perg, holz, gevilt
in manchem land, des ich vil han erriten,
und ich der gueten nie vergass;
mein leib hat vil erliten
nach ir mit seniklichem hass,
ir roter mund het mir das herz verschart.
Durch si so han ich vil betracht
vil lieber hendlin los,
in freuden si mir manig nacht
verlech ir ermlin ploss.

18

Wenn der Anfang so ist:
lange Zeit ohne Gottesfurcht, mit mattem Gewissen
und trächtig von Sünden –
wenn dann auch alle Meister sich bemühten,
sie könnten allein ohne Gott mit all ihrer Weisheit
das Ende nicht gut machen.
Von solchem Anfang bin ich matt an meiner Seele,
ja ich klage, daß ich sterben muß,
und bitte dich, heilige Jungfrau Katharina,
erwirb mir dort
bei Mariens Kindlein Gnade,
daß es mich in seinem Schutze halten wolle.
Ich danke dem hochgelobten Herrn,
daß er mich so segnet,
daß gerade die mich büßen läßt,
mit der ich gesündigt habe.
Daran mag jedermann erkennen,
daß Liebe nicht auf die Dauer ohne Leid bestehen kann.

Eine Frau,
mit der ich so lange meine Zeit vertan habe,
dreizehn Jahre und länger
ihr beständig in Treue ergeben,
wie sie es wollte,
so sehr, daß ich auf Erden nie jemand lieber gewonnen habe –
Gebirge, Wald und freies Feld
habe ich in manchem Land oft durchritten,
doch habe ich die Geliebte nie vergessen.
Ich habe viel erlitten
von zorniger Sehnsucht nach ihr.
Ihr roter Mund hat mein Herz verwundet.
In Liebe zu ihr habe ich oft
anmutige Händlein betrachtet:
in mancher freudevollen Nacht
hat sie mir ihre bloßen Arme geschenkt.

53

mit trauren ich das überwint,
seit mir die pain und arm beslagen sint.

3   Von liebe zwar   III
    hab wir uns dick oft laides nicht erlassen,
    und ward die lieb nie recht entrant;
    seit das ich lig unmassen
    gevangen ser in irem pant,
    nu stet mein leben kränklich auf der wag.
    Mit haut und har
    so hat mich got swärlich durch si gevellet
    von meiner grossen sünden schein,
    des pin ich übersnellet.
    si geit mir puess und senlich pein,
    das ich mein not nicht halbs betichten mag.
    Vor ir lig ich gepunden vast
    mit eisen und mit sail;
    mit manchem grossen überlast
    si mir empfrempt die gail.
    o herr, du kanst wol richten sain,
    die zeit ist hie, das du mich püessest rain.

4   Kain weiser man   IV
    mag sprechen icht, er sei dann unvernünftig,
    das er den weg icht wandern well,
    der im sol werden künftig;
    wann die zeit pringt glück und ungevell,
    und pschaffen ding fürwar ward nie gewant.
    Des sünders pan
    die ist so abenteurlichen verrichtet
    mit manchem hübschen, kluegen latz,
    kain maister das voltichtet
    wann got, der iedem sein gesatz
    wäglichen misst mit seiner hailgen hant.
    Er eifert man und freuelein,
    auch alle creatur;
    er wil der liebst gehaben sein

Jetzt büße ich das schmerzlich,
denn meine Beine und Arme liegen in Ketten.

Aus Liebe
haben wir uns oft schon Leid zugefügt,
und die Liebe wurde dadurch nie ganz zerrissen.
Nun, da ich in unerhörter Weise
in ihren Fesseln gefangen liege,
schwebt mein Leben unsicher auf der Waage.
Mit Haut und Haar
hat mich Gott durch sie tief gestürzt,
weil er meine schweren Sünden sah.
So bin ich auf der Waage hinabgesunken.
Sie legt mir Buße und schmerzliche Qual auf,
daß ich meine Not kaum zur Hälfte aussprechen kann.
Vor ihr liege ich fest gebunden
mit Ketten und Seilen.
Durch allzu große Beschwernisse
hält sie die Freude von mir fern.
O Herr, du wartest oft lange mit deinem Gericht,
aber jetzt ist die Zeit gekommen, da du mich durch Buße
                                                    reinigst.

Kein vernünftiger Mensch
– wenn er nicht von Sinnen ist –
kann etwa sagen, daß er den Weg nicht gehen wolle,
der für ihn bestimmt ist;
denn die Zeit bringt Glück und Unheil,
und Vorherbestimmtes ist wahrlich noch nie abgewendet
Der Weg des Sünders   worden.
ist so seltsam eingerichtet
mit mancher feinen, passenden Schlinge;
kein Meister kann das zu Ende bedenken und dichten,
nur Gott, der jedem seinen Anteil
abwägend zumißt mit seiner heiligen Hand.
Er achtet eifersüchtig auf Mann und Mädchen
und alle Kreatur:
er selbst will am meisten geliebt werden

    in seiner höchsten kur.
    wer das versaumpt, des sünd gereift:
    er hengt im nach, pis in ain latz begreift.

    Lieb ist ain wort   V
    ob allem schatz, wer lieb nützleich verpringet,
    lieb überwindet alle sach,
    lieb got den herren twinget,
    das er dem sünder ungemach
    verwent und geit im aller freuden trost.
    Lieb, süesser hort,
    wie hastu mich unlieplichen geplendet,
    das ich mit lieb dem nie vergalt,
    der seinen tod volendet
    durch mich und mangen sünder kalt;
    des wart ich hie in grosser sorgen rost.
    Het ich mein lieb mit halbem fueg
    got nützlich nach verzert,
    die ich der frauen zärtlich trueg,
    die mir ist also hert,
    so füer ich wol an alle sünt.
    o weltlich lieb, wie swär sind deine pünt.

    Erst reut mich ser,   VI
    das ich den frävelichen hab erzürnet,
    der mir so lang gepiten hat,
    und ich mich nie enthürnet
    von meiner grossen missetat;
    des wurden mir fünf eisnei lätz berait:
    Nach seiner ger
    so viel ich in die zwen mit paiden füessen,
    in ainen mit dem tenken arm,
    mein daumen muesten püessen,
    ain stahelring den hals erwarb;
    der wurden fünf, als ich vor hab gesait.
    Also hiels mich die guet zu fleiss
    mit manchem herten druck.

in seiner höchsten Würde.
Wer das versäumt, dessen Sünde reift heran.
Gott läßt ihn laufen, bis eine Schlinge ihn einfängt.

Liebe ist ein Wort,
teurer als alle Schätze, wenn einer Liebe zu seinem Heile übt.
Liebe überwindet alles,
Liebe zwingt Gott den Herrn,
daß er die Pein vom Sünder abwendet
und ihm Hoffnung auf alle Freuden gibt.
Liebe, köstlicher Schatz,
wie hast du mich lieblos geblendet,
daß ich nie mit Liebe dem dankte,
der für mich und manchen kalten Sünder
den Tod durchlitten hat.
Darum liege ich hier in der Glut großer Ängste.
Hätte ich meine Liebe nur halbwegs richtig
zu meinem Heil auf Gott verwendet,
statt sie zärtlich für diese Frau zu hegen,
die so hart zu mir ist,
so könnte ich leicht und ohne Sünde sterben.
O weltliche Liebe, wie schwer sind deine Fesseln!

Nun erst reut mich sehr,
daß ich den frech erzürnt habe,
der so lange auf mich gewartet hat,
und daß ich die Hörner meines großen Unrechts
nie abgeworfen habe.
Darum wurden mir fünf eiserne Schlingen gerichtet:
nach seinem Willen
fiel ich in zwei mit beiden Füßen,
in eine mit dem linken Arm,
meine Daumen mußten büßen,
ein Stahlring ergriff den Hals;
so wurden es fünf, wie ich eben sagte.
Dergestalt hat mich meine Geliebte eifrig umarmt
mit manchem harten Druck.

ach husch der kalten ermlin weiss,
unlieplich was ir smuck.
was ich ir klag meins herzen lait,
ir parmung ist mit klainem trost berait.

7   Mein herz das swint   VII
in meinem leib und pricht von grossen sorgen,
wenn ich bedenk den pittern tot
den tag, die nacht, den morgen
– ach we der engestlichen not –
und waiss nicht, wo mein arme sel hinvert.
O Maria kint,
so ste mir Wolkenstainer pei in nöten,
damit ich var in deiner hult.
hilff allen, die mich töten,
das si gepüessen hie ir schult,
die si an mir begangen haben hert.
Ich nim es auff mein sterben swär,
so swer ich doch genueg,
das ich der frauen nie gevär
von ganzem herzen trueg.
schaid ich also von diser welt,
so pit ich got, das si mein nicht engelt.

19

Es nahent gen der vasennacht,   I
des süll wir gail und frölich sein;
ie zwai und zwai zesamen tracht,
recht als die zarten teubelein.
Doch han ich mich gar schon geselt
zu meiner krucken,
dié mir mein puel hat ausserwelt
für lieplich rucken.
    Und ich die kruck   vast an mich zuck,
    freuntlichen under das üechsen smuck;

Ach husch, diese kalten weißen Ärmchen!
Ihr Umschmiegen war wenig liebevoll.
Soviel ich ihr auch den Kummer meines Herzens klage,
ihr Erbarmen wendet sich nicht hilfreich zu mir.

Das Herz vergeht mir im Leib
und bricht vor großer Furcht,
wenn ich an den bitteren Tod denke
bei Tag, bei Nacht, am Morgen
– ach diese angstvolle Qual –
und nicht weiß, wohin meine arme Seele fährt.
O Kind Mariens,
steh mir, dem Wolkensteiner, in meiner Not bei,
damit ich in deiner Huld dahinfahre.
Hilf allen, die mich töten,
daß sie ihre Schuld noch hier büßen dürfen,
die sie hartherzig an mir begangen haben.
Ich nehme es auf mein schweres Sterben
– damit beteuere ich's doch genugsam –,
daß ich von ganzem Herzen
immer frei von Feindschaft gegen diese Frau war.
Wenn ich so von dieser Welt scheide,
so bitte ich Gott, daß er sie meinen Tod nicht entgelten läßt.

19

Die Fastnacht kommt heran,
darum wollen wir fröhlich und lustig sein.
Immer zwei und zwei sollen sich zusammenhalten
gerade wie die zärtlichen Täublein.
Ich aber habe mich sehr schön gesellt
zu meiner Krücke,
die sich meine Liebste für mich ausgedacht hat
statt lieblichen Kosens.
  Und ich ziehe die Krücke fest an mich
  und schmiege sie zärtlich unter die Achsel.

   ich gib ir manchen herten druck,
   das si muess kerren.
   wie möcht mir gen der vasennacht
   noch pas gewerren?
   plehe, nu lat eur plerren!

Seit das die wilden voglin sint   II
gezwait ied schon an allen neit,
wes wolten dann die zamen kint
nu feiern gen der lieben zeit
Mit halsen, küssen ain schönes weib?
smutz, la dich niessen!
haimlichen prauch dein jungen leib
an als verdriessen!

 [Repeticio ut supra]

Die vasnacht und des maien wat   III
die pfeiffen vast auss ainem sack.
was sich das jar verporgen hat,
das tuet sich eugen an den tak.
Doch het mein frau ir tück gespart
mit valschem winken
all gen dem herbst; ich schrau ir vart,
seit ich muess hinken.

 [Repeticio ut supra]

20

Wenn ich betracht,   I
strafflich bedenk den tag durch scharffs gemüete
der creaturen underschaid,
ir übel und ir güete,
so vind ich ains in sölchem klait,
des übel, güet niemd pessern, pösern mag.

Oft drücke ich sie so fest,
daß sie knarrt.
Was könnte mich zur Zeit der Fastnacht
noch besser ärgern?
Bläh, so laßt doch euer Gaffen!

Da die wilden Vöglein alle
schön einträchtig gepaart sind,
was sollten da die gesitteten jungen Leute
in dieser fröhlichen Zeit träge sein,
ein schönes Weib zu umarmen und zu küssen?
Rück her, laß dich kosten!
Schön heimlich freu dich an deinem jungen Leib,
ganz unbeschwert!

[Refrain]

Die Fastnacht und der grüne Mai
die pfeifen beide aus dem gleichen Sack:
da zeigt sich dem Tag,
was sich das Jahr über verborgen hatte.
Nur meine Gebieterin hat ihre Tücke
mit falschen Gebärden bis zum Herbst verborgen.
Ich verwünsche ihren Ausflug,
denn seitdem muß ich hinken.

[Refrain]

20

Wenn ich betrachte
und den ganzen Tag mit angespanntem Sinn scharf
wie verschieden die Geschöpfe sind,   nachdenke,
welche böse, welche gut,
so finde ich eines von solcher Art,
daß seine Schlechtigkeit und Güte niemand übertreffen kann.

Ich hab gedacht
der slangen haubt, da von Johannes schreibet,
wie in der welt kain pöser frucht
sich auff der erden scheibet:
vil snöder ist unweiplich zucht,
von ainer schönen, pösen frauen plag.
Man zemet liephart, leuen wilt,
den püffel, das er zeucht;
der ainem weib die haut abvilt,
und si die tugent fleucht,
noch künd man si nicht machen zam,
ir üble gift ist aller welte gram.

Wirt si geert, II
so kan sie niemd mit hochvart überwüeten;
ist si versmächt, so tobt ir muet
geleich des meres flüeten;
armt si an wirden oder an guet,
so ist si doch der poshait allzeit reich.
Ain weib entert
des paradeis, des Adam ward geschendet;
Matusalem, der stark Samson
geswechet und geplendet
von weiben, David, Salomon
durch frauen sind betrogen fräveleich.
Aristotiles, ain maister gross,
ain weib in überschrait,
zwar seiner kunst er nicht genoss,
hoflichen si in rait.
küng Alexander, mächtig, hön,
von frauen viel und Absolon der schön.

Ain schön, pös weib III
ist ain gezierter strick, ain spiess des herzen,
ain valscher freund, der augen want,
ain lust truglicher smerzen.
des ward Helias verr versant,

Ich dachte immer,
das Haupt der Schlange, von dem Johannes schreibt,
sei die schlimmste Ausgeburt,
die in der Welt und auf dem Erdkreis lebt;
doch viel schlechter ist entartete Weiblichkeit,
die Plage einer schönen, bösen Frau.
Man zähmt wilde Leoparden und Löwen,
den Büffel richtet man zum Zugtier ab;
einer Frau, die vor der Tugend wegläuft,
der könnte man die Haut abziehen,
man würde sie doch nicht zähmen.
Ihr böses Gift ist aller Welt feind.

Wird sie geehrt,
so könnte niemand wahnsinnigere Hoffart zeigen;
ist sie verachtet, so rast ihr Sinn
wie die Fluten des Meeres;
sie mag an Würde oder Besitz arm sein,
an Bosheit ist sie immer reich.
Ein Weib verletzte die Ehre des Paradieses,
darum wurde Adam in Schanden verstoßen;
Methusalem und der starke Simson
wurden von Frauen schwach und blind gemacht,
David und Salomon
von Frauen mutwillig betrogen.
Aristoteles, der große Lehrer,
von einem Weibe wurde er übertrumpft;
all seine Weisheit half ihm nichts,
sie ritt auf ihm nach höfischer Art.
König Alexander, mächtig und stolz wie er war,
kam durch eine Frau zu Fall, und auch der schöne Absalom.

Eine schöne, böse Frau
ist ein verzierter Strick, ein Speer durchs Herz,
ein falscher Freund, sobald einer die Augen abgewendet hat,
eine schmerzhaft trügerische Lust.
Darum wurde Elia in die Fremde geschickt

und Joseph in den kercher tieff versmit.
Ain hailger leib,
hiess sant Johanns Baptista, ward enthaubet
durch weibes rach, davor uns Crist
behüet; auch ward betaubet,
gevangen durch ains weibes list
der Wolkenstain, des hank er manchen trit.
Darumb so rat ich jung und alt:
fliecht pöser weibe glanz,
bedenkt inwendig ir gestalt,
vergiftig ist ir swanz,
und dient den frummen freulin rain,
der lob ich preis über all karfunkelstain.

21

Ich sich und hör, I
das mancher klagt verderben seines guetes,
so klag ich neur die jungen tag,
verderben freies muetes,
des ich vor zeiten darinn pflag
und klain empfand, do mich die erde trueg.
Mit kranker stör
haubt, ruck und pain, hend, füess das alter meldet.
was ich verfrävelt hab an not,
her leib, den muetwill geldet
mit plaicher varb und augen rot,
gerumpfen, graw; eur sprüng sind worden klueg.
Mir swärt herz, muet, zung und die trit,
gepogen ist mein gank,
das zittern swecht mir all gelit;
awe ist mein gesank,
dasselb quintier ich tag und nacht,
mein tenor ist mit rümpfen wol bedacht.

und Joseph in einem tiefen Kerker festgeschmiedet.
Ein heiliger Mann,
Johannes der Täufer, wurde enthauptet
durch den Grimm eines Weibes – behüte uns Christus davor!
Betäubt und gefangen durch die List einer Frau
wurde auch der Wolkenstein,
davon hinkte er bei manchem Tritt.
Darum rate ich den Jungen und den Alten:
meidet den Glanz böser Frauen,
bedenkt, wie sie inwendig aussehen,
wie giftig ihr Schwanz ist,
und dient den braven und hübschen Mädchen,
die ich lobe und rühme mehr als alle Karfunkelsteine.

21

Ich sehe und höre,
wie mancher den Verlust seiner Besitztümer beklagt;
doch ich beklage nur die Jugendtage,
den Verlust des ungebundenen Sinnes,
den ich in jenen früheren Zeiten besaß
und nicht zu schätzen wußte, wie mich die Erde geduldig trug.
Mit Schwäche und Beschwerden zeigen mir
Haupt, Rücken und Beine, Hände und Füße das Alter an.
Daß ich ohne Not gesündigt habe,
Herr Leib, diesen Mutwillen entgeltet Ihr nun
mit Blässe, roten Augen, Runzeln und grauem Aussehen.
Statt zu springen, geht Ihr jetzt behutsam.
Herz, Gemüt, Zunge und Schritte werden mir schwer,
gebeugt ist mein Gang,
Zittern schwächt mir alle Glieder.
Mein Gesang lautet »o weh«,
das singe ich bei Tag und Nacht;
mein Tenor ist brüchig geworden.

Ain kraus, weiss har II
von locken dick het ainst mein haubt bedecket,
dasselb plasniert sich swarz und graw,
von schilden kal durchschecket,
mein roter mund wil werden plaw,
darumb was ich der lieben widerzäm.
Plöd, ungevar
sind mir die zend und slaunt mir nicht ze keuen,
und het ich aller welte guet,
ich künd ir nicht verneuen,
noch kauffen ainen freien muet,
es widerfüer mir dann in wanes träm.
Mein ringen und das lauffen snell
hat ainen widersturz,
mit huesten sing ich durch die kel,
der atem ist mir kurz,
und gieng mir not der küelen ert,
seit ich pin worden swach und schier unwert.

Ach jüngelink, III
nim war pei dem, tröst dich nicht deiner schöne,
gered noch sterk! halt dich empor
mit gaistlichem gedöne!
wer du ietzund pist, der was ich vor,
kumst du zu mir, dein guet tat reut dich nicht.
Für alle dink
solt ich ietz leben got zu wolgevallen
mit vasten, peten, kirchen gan,
auff knien venien vallen.
so mag ich kainem pei gestan,
seit mir der leib von alter ist enwicht.
Für ainen sich ich allzeit vier,
und hör durch groben stain.
die kinder spotten mein nu schier,
darzue die freulin rain.
mit anewitz ich das verschuld.
nu füeg uns got das end mit seiner huld.   Amen.

Krauses helles Haar
wuchs einst in dichten Locken auf meinem Haupt;
das wird jetzt schwarz und grau gescheckt,
mit kahlen Flecken durchsetzt.
Mein roter Mund ist fast blau geworden,
darum war ich meiner Liebsten widerwärtig.
Stumpf und mißfarbig
sind meine Zähne und taugen nicht zum Kauen;
und wenn ich den Reichtum der ganzen Welt hätte,
ich könnte sie nicht erneuern
noch mir ein unbeschwertes Gemüt kaufen,
höchstens in einem Wahnbild könnte ich's erleben.
Mein Kämpfen und mein schnelles Laufen
ist stockend und stolpernd geworden.
Beim Singen huste ich durch die Kehle,
mein Atem ist kurz.
Und mich verlangt nach der kühlen Erde,
denn ich bin schwach und verächtlich geworden.

O Jüngling, daran erkenne:
vertraue nicht auf Schönheit, Stärke und geraden Wuchs!
Richte dich lieber
mit geistlichem Gesang himmelwärts!
Ich war früher, was du jetzt bist;
wenn du wirst, was ich bin,
werden dich gute Werke nicht reuen.
Vor allen Dingen
müßte ich jetzt nach Gottes Wohlgefallen leben
mit Fasten, Beten, Kirchgehen und auf den Knien büßen.
Doch vermag ich bei all dem nicht auszuharren,
seit mein Leib vom Alter nichtig geworden ist.
Ich sehe immer vier statt einen
und höre wie durch eine dicke Wand.
Die Kinder spotten bald über mich
und auch die schönen Mädchen.
Das kommt von meiner Torheit.
Nun schenke uns Gott ein Ende nach seiner Gnade. Amen.

Durch Barbarei, Arabia,   I
durch Harmanei in Persia,
durch Tartarei in Suria,
durch Romanei in Türggia,
Ibernia,   der sprüng hab ich vergessen.
Durch Preussen, Reussen, Eiffenlant,
gen Litto, Liffen, übern strant,
gen Tenmark, Sweden, in Prabant,
durch Flandern, Frankreich, Engelant
und Schottenlant   hab ich lang nicht gemessen.
Durch Arragun, Kastilie,
Granaten und Afferen,
auss Portugal, Ispanie
pis gen dem vinstern steren,
von Provenz gen Marsilie –
in Races pei Saleren,
daselben plaib ich in der e,
mein ellend da zu meren
vast ungeren.
Auff ainem kofel rund und smal,
mit dickem wald umbvangen,
vil hoher perg und tieffe tal,
stain, stauden, stöck, snestangen,
der sich ich täglich ane zal.
noch aines zwingt mich pangen,
das mir der klainen kindlin schal
mein oren dick bedrangen
hat durchgangen.

Wie vil mir eren ie beschach   II
durch fürsten, künigin gevach,
und was ich freuden ie gesach,
das püess ich als under ainem dach.
mein ungemach   der hat ain langes ende.
Vil gueter witz der gieng mir not,

22

Durch Berberland, Arabien,
durch Armenien nach Persien,
durchs Tatarenland nach Syrien,
durch Byzanz ins Türkenland,
nach Georgien – solche Sprünge habe ich verlernt.
Durch Preußen, Rußland, Eiffenland,
nach Litauen, Livland, über die Nehrung,
nach Dänemark, Schweden, nach Brabant,
durch Flandern, Frankreich, England
und Schottland bin ich lange nicht gezogen,
durch Aragonien und Kastilien,
Granada und Navarra,
von Portugal und Spanien
bis zum Finstern Stern,
von der Provence nach Marseille –
nein hier in Ratzes am Schlern
bleibe ich in meinem Hausstand,
widerwillig,
und lasse mein Elend wachsen.
Auf einem schmalen runden Kofel,
umgeben von dichtem Wald,
sehe ich Tag für Tag
nur hohe Berge und tiefe Täler,
zahllose Felsen, Büsche, Baumstümpfe und Schneestangen.
Und eines bedrückt mich mit Angst:
daß mir der Lärm meiner kleinen Kinder
in die oft geplagten Ohren
eingedrungen ist.

Was mir je an Ehren erwiesen worden ist
von all den Fürsten und Königinnen
und was ich je an Freuden erlebt habe,
das büße ich jetzt alles ab unter einem kleinen Dach.
Meine Qual zieht sich in die Länge.
Ich brauchte eine Menge von guten Einfällen,

seit ich muess sorgen umb das prot.
dazue so wirt mir vil gedrot,
und tröst mich niena mündlin rot.
den ich e pot,   die lassen mich ellende.
Wellend ich gugg, so hindert mich
köstlicher ziere sinder;
der ich e pflag, dafür ich sich
neur kelber, gaiss, pöck, rinder,
und knospot leut, swarz, hässelich,
vast rotzig gen dem winder,
die geben muet als sackwein, vich.
vor angst slach ich mein kinder
oft hinhinder.
Dann kumpt ir mueter zuegepraust,
zwar die begint zu schelten.
gäb si mir aines mit der faust,
des müest ich ser engelten.
si spricht: »wie hastu nu erzaust
die kind zu ainem zelten?«
ab irem zoren mir da graust;
doch mangel ich sein selten
scharff mit spelten.

Mein kurzweil die ist mangerlai,   III
neur eselgsang und pfawengschrai
wunscht ich mir nicht mer umb ain ai.
vast rauscht der pach in hurlahai
mein haubt enzwai,   das es begint zu kranken.
Also trag ich mein aigen swär.
täglicher sorg, vil pöser mär
wirt Hauenstain gar selten lär.
möcht ichs gewenden an gevär,
oder wer das wär,   dem wolt ich immer danken.
Mein landesfürst der ist mir gram
von pöser leute neide,
mein dienst die sein im widerzam,
das ist mir schad und laide,

seit ich um das tägliche Brot sorgen muß.
Noch dazu wird mir dauernd gedroht.
Und kein rotes Mündlein tröstet mich.
Die mir früher gehorchten, lassen mich jetzt im Stich.
Wohin ich auch blicke, stoße ich nur noch
auf Schlacken von Köstlichkeiten.
Statt meiner früheren Gesellschaft
sehe ich jetzt nur Kälber, Geißen, Böcke, Rinder
und ungeschlachte Leute, schwarz, häßlich
und ganz rotzig im Winter.
Die machen mir eine Stimmung wie Sauerwein und Vieh.
Aus Angst schlage ich oft meine Kinder
und treibe sie in die Ecke.
Dann kommt ihre Mutter hergebraust,
die fängt nicht schlecht zu schelten an;
wenn ich von ihrer Faust was kriegte,
das würde ich wohl spüren.
Sie sagt: »Wie hast du nun die Kinder
zu einem Fladen geprügelt.«
Vor ihrem Zorn graut mir dann,
doch spüre ich ihn fast immer,
scharf und spleißend.

Meine Unterhaltung ist sehr abwechslungsreich:
lauter Eselsgesang und Pfauengeschrei;
davon wünschte ich mir keinen Deut mehr.
Der Bach rauscht mir mit Hurlahei
meinen Kopf kaputt, daß er ganz matt wird.
So trage ich mein Teil an Ungemach.
Von täglichen Sorgen und schlechten Nachrichten
ist Hauenstein selten verschont.
Könnte ich sie doch einfach abwenden!
Oder tät's ein anderer – ich wollte ihm immer dankbar
Mein Landesfürst ist mir gram,   sein.
weil schlechte Leute mich nicht leiden können;
meine Dienste sind ihm unwillkommen,
das schädigt und schmerzt mich;

wie wol mir sust kain fürstlich stam
pei meinem gueten aide
geswechet hab, leib, er, guet nam
in seiner fürstenwaide,
köstlich raide.
Mein freund die hassen mich überain
an schuld, des muess ich greisen.
das klag ich aller welt gemain,
den frummen und den weisen,
darzue vil hohen fürsten rain,
die sich ir er lan preisen,
das si mich armen Wolkenstain
die wolf nicht lan erzeisen,
gar verweisen.

23

Zergangen ist meins herzen we,   I
seit das nu fliessen wil der sne
ab Seuser alben und auss Flack,
hort ich den Mosmair sagen.
Erwachet sind der erden tünst,
des meren sich die wasserrünst
von Kastellrut in den Eisack,
das wil mir wol behagen.
Ich hör die voglin gross und klain
in meinem wald umb Hauenstain
die musik prechen in der kel,
durch scharffe nötlin schellen,
Auff von dem ut hoch in das la
und hrab zu tal schon auff das fa
durch manig süesse stimm so hel;
des freut euch, guet gesellen!
  Was get die red den Plätscher an?
  mein singen mag ich nicht gelan,

da doch sonst bei meinem heiligen Eid
kein Fürstenhaus
in seinem herrlich schönen Herrschaftsgebiet
mir je an Besitz, Leib, Ehre und gutem Ruf
etwas zuleide getan hat.
Meine Freunde hassen mich alle miteinander
ohne Grund, davon muß ich alt werden.
Ich klage es der ganzen Welt,
den Frommen und den Weisen
und auch vielen großen, edlen Fürsten,
die sich ehren und preisen lassen,
daß sie mir armen Wolkensteiner
nicht erlauben, die Wölfe zu zausen
und ganz zu vertreiben.

23

Vergangen ist meine Trübsal,
denn nun beginnt der Schnee herabzufließen
von der Seiser Alm und von Flack,
wie mir der Mosmaier gesagt hat.
Erwacht sind die Dämpfe der Erde,
davon schwellen die Rinnsale
von Kastelruth in den Eisack hinunter;
das macht mich sehr vergnügt.
Ich höre alle die großen und kleinen Vögel
in meinem Wald um Hauenstein,
wie sie aus vollen Kehlen die Melodien verzieren
und genau nach Noten singen,
vom c hinauf zum a,
dann wieder schön zum f herunter,
mit vielen süßen, hellen Stimmen.
Freut euch daran, Gesellen!
   Was geht die Sache den Plätscher an?
   Mein Singen will ich doch nicht lassen.

wem das missvall, der lass mich gan,
und sei mir heur als vert!
Ob mir die vaigen sein gevar,
noch tröst ich mich der frummen zwar,
wie wol das heuer an dem jar
valsch pöse münz hat wert.

Verswunden was meins herzen qual, II
do ich die ersten nachtigal
hort lieplich singen nach dem pflueg
dort enhalb in der Matzen.
Da sach ich vier stund zwai und zwai
geweten schon nach ainem rai,
die kunden nach des Mutzen fueg
wol durch die erden kratzen.
Wer sich den winder hat gesmuckt
und von der pösen welt verdruckt,
der freu sich gen der grüenen zeit,
die uns der mai wil pringen.
Ir armen tier, nu raumpt eur hol,
get, suecht eur waid, gehabt euch wol!
perg, au und tal ist rauch und weit,
des mag euch wol gelingen.

[Repeticio ut supra]

Wolauff, ir frummen, und seit gail! III
wer eren pfligt, der wünscht uns hail.
kain schand niemand glosieren mag,
wie scharff man si betrachtet.
Es ist ain alt gesprochen wort,
recht tuen, das sei ain grosser hort,
wann es kumpt alles an den tag;
oft ainer des nicht achtet.
Her Cristan in der obern pfarr
zwar der ist sicher nicht ain narr,
wer in wil teuschen auff dem stück,
der muess gar frue erwachen.

Wem es nicht gefällt, der lasse mich in Ruhe,
er kann mir auch dieses Jahr gestohlen bleiben.
Wenn die Schlechten mich nicht leiden können,
so hoffe ich doch auf die Anständigen,
wenn auch in diesem Jahre
schlechte, falsche Münzen hoch geschätzt werden.

Dahin war alle Niedergeschlagenheit,
als ich die erste Nachtigall
lieblich hinter dem Pflug her singen hörte
dort drüben in der Matze.
Da sah ich viermal zwei und zwei
hübsch verbunden zu einem Reigen;
die konnten zum kunstreichen Spiel des Mutzenbauern
schön über die Erde schleifen.
Wer sich den Winter über geduckt
und von der schlechten Welt zurückgezogen hat,
der freue sich auf die grüne Zeit,
die der Mai uns bringt.
Ihr armen Tiere, verlaßt eure Höhlen,
geht, sucht eure Weide, seid wohlgemut!
Berg, Au und Tal sind offen und belaubt,
da wird es euch gut gehen.
 [Refrain]

Auf, ihr Rechtschaffenen, seid fröhlich!
Wer Ehre kennt, hält es mit uns.
Schändlichkeiten aber kann keiner zurechtputzen,
mag er noch so an ihnen drehen und deuteln.
Man sagt seit eh und je:
recht tun ist ein großer Schatz,
denn alles kommt an den Tag.
Manch einer bedenkt das nicht.
Der Herr Christ von der oberen Pfarrei
ist gewiß kein Narr.
Wer ihn in diesem Handel täuschen will,
der darf nicht schläfrig sein.

Er peit ain weil und doch nicht lang,
darnach so firmt er aim ain wang,
das im vergen sein valsche tück,
des er nicht mag gelachen.

[Repeticio ut supra]

24

Wer die augen wil verschüren mit den prenden,   I
sein leben enden, mit gueten zenden
übel essen, ligen in dem stro,
der füeg sich in die Lumpardeie,
da vil manger wirt unfro.
tieff ist das kot, teuer das prot.
ungötlich reu mit valscher treu
sol man da vinden täglichen neu.
das ist ain speis, der ich nicht keu.

Wer nach der wage ringe hechten kauffen welle,   II
– für ungevelle so vail, geselle –
ainen, der ain staine leber trag,
vorsch in des kaisers canceleie,
wo man sölche visch erjag.
Gülcher, mach kunt, was galt ain pfunt?
pro zink soldin et tre zesin,
also galt sich das leberlin vin
von disem sütten hechtigin.

   III

Herman, Marquart, Costnitz, Ulmen wär das leben
uns freud zu geben von mündlin eben,
und mein öheim hinder dem ofen wär,
das wär ain pesser stampaneie,
wann das uns der peutel lär
wirt zu Placenz. mein conscienz
wirt oft so swach, wie wol ich lach,

Er wartet eine Weile, doch nicht lang,
dann gibt er einem den Firmungsstreich,
daß ihm seine tückischen Ränke vergehn
und er nichts mehr zu lachen hat.

[Refrain]

24

Wer seine Augen im Heizqualm dreingeben will,
seines Lebens müde ist, mit guten Zähnen schlecht essen
und auf Stroh liegen möchte,
der gehe in die Lumpardei,
wo mancher verdrießlich wird.
Tief ist der Dreck, teuer das Brot;
unfromme Reue und falschen Sinn
kann man da täglich neu erleben.
Das ist ein Mahl, das mir nicht schmeckt.

Wer leichtwiegende Hechte kaufen will,
(doch hüt dich vor Schaden, Gesell, und frag nach dem Preis!)
einen Hecht mit einer stattlichen Leber,
der frage in des Kaisers Kanzlei,
wo man solche Fische fängt.
Jülicher, sag, was hat ein Pfund gekostet?
Cinque soldi e tre zecchini,
so viel kostete das feine Leberlein
von diesem »soeten Hechteken«.

Hermann und Marquart, zu Konstanz und Ulm, das wäre ein
wo wir Freude fänden an gefälligen Mündlein,   Leben,
und mein alter Freund säße hinterm Ofen.
Das wäre eine bessere Unterhaltung,
als daß uns in Piacenza der Beutel leer wird.
Mein finanzielles Gewissen wird oft so schwach,
– wenn ich auch gute Miene mache –

so das mein schreiber dick gevach
klagt seinen grossen ungemach.

Sebastian, wärst dus ain ochs zu Florenzola   IV
oder ain caniola   und zugst cum dola
täglich mist auff ainem wagen gross,
das näm ich für ain süessen preie.
fürwar ich gäb dir auch ain stoss
zu deiner prust,   als du mir tuest
mit valscher gier   grob als ain stier,
zwar desgeleichen videlt ich dir,
und wurd dir mer, das stüend zu mir.

25

Mein sünd und schuld euch priester klag   I
an stat, der alle ding vermag,
grob, lauter, schamrot, vorchtlich das sag
durch andacht nasser augen,
Und hab ain fürsatz nimmermer
mit fleiss ze sünden, wo ich ker.
diemüetiklich mit willen, her,
gib ich mich schuldig taugen.
An dem gelauben zweifel ich,
pei gotes namen swer ich vast,
mein vater und mueter erenrich
vertragen hab mit überlast.

Raub, stelen, töten ist mir gach   II
leib, er und guet dem menschen nach,
pan veir, vast tuen ich ungemach,
valsch zeuknuss ist mir eben.
Spil, fremder hab wird ich nicht vol,
zaubrei, lug, untreu tuet mir wol,
verräterschaft, prand gib ich zol.

daß mir mein Sekretär immer wieder
seine großen Schwierigkeiten vorhält.

Sebastian, wärst du ein Ochs in Florenzola
oder ein Hundsvieh und zögest mit Mühsal
täglich Mist auf einem großen Wagen,
das ginge mir ein wie süßer Brei.
Fürwahr, ich gäbe dir auch einen Stoß
auf die Brust, wie du mir einen gegeben hast
aus falschem Herzen und grob wie ein Stier.
Ja, ebenso wollte ich dir aufspielen,
und wenn du mehr abkriegtest, wäre mir's auch recht.

25

Meine Sünde und Schuld klage ich Euch, Priester,
an der Stelle des Allmächtigen.
Ich sag's unverblümt und offen, schamrot und furchtsam,
andächtig mit nassen Augen,
und habe den Vorsatz, nie wieder
absichtlich zu sündigen auf meinen Wegen.
Demütig und freiwillig
bekenne ich mich hier in der Heimlichkeit schuldig:
Ich zweifle am Glauben,
bei Gottes Namen fluche ich oft,
Vater und Mutter, die ich ehren sollte,
habe ich mit Kränkung überladen.

Ich bin schnell dabei, einem Menschen zu schaden,
seinen Leib zu töten, seine Ehre zu stehlen, sein Gut zu rauben.
Gebotene Feiertage und Fasten breche ich,
falsches Zeugnis behagt mir.
An Spielen, fremdem Gut kann ich nicht genug bekommen,
Zauberei, Lüge, Untreue genieße ich
und bin Verrat und Brandstiftung dienstbar.

hochvertig ist mein leben,
Von geitikait ich selten rue,
spot, zoren, unkeusch ist mir kunt,
vil essen, trinken spat und frue,
träg, neidig als der esel und hunt.

Die sünd ich haiss, die sünd ich rat,   III
die sünd ich lieb und leich ir stat,
günstlich nicht understen die tat,
tailhaft an rüglichs melden.
Den plossen hab ich nie erkent,
armen durst, hungers nicht gewent,
krank, tot, gevangen, ellend hent
kain parmung nicht mag velden.
Unschuldigs pluet vergossen han,
die armen leut beswär ich ser,
ich kenn die sünd von Sodoman,
verdienten lon nicht halb gewer.

Die weishait gots, vernunft und kunst   IV
götleicher rat, gots sterk, inprunst,
götleiche vorcht, götleiche gunst,
götleich lieb, güet nie kande.
Den priester ich smäch, mein e zerprich,
mein tauff und firmung übersich,
gots leichnam ich nim unwirdiklich,
ölung, peicht, puess tuet mir ande.
Unwillig armuet, übelhait
treib ich durch zeit verloren,
das gots recht an parmherzikait
ich hass nach gunst mit zoren.

Mein sehen, hören süntlich prauch,   V
mein kosten, smecken lustlich slauch,
mein greiffen, gen, gedenk verdauch
unfrüchtikleich dem herren,

Hoffärtig ist mein Leben,
von Habgier habe ich selten Ruhe,
Spott, Zorn, Unkeuschheit kenne ich,
Völlerei und Trinken bei Tag und Nacht,
träge und neidisch wie Esel und Hund.

Sünde befehle ich, Sünde rate ich,
Sünde liebe ich und schenke ihr Raum,
ich begünstige die Ausführung und hindere sie nicht,
nehme teil an ihr, schelte sie nicht noch zeige ich sie an.
Den Nackten habe ich nie beachtet,
dem Armen Durst und Hunger nie gestillt,
Kranke, Tote, Gefangene, Heimatlose –
kein Werk der Barmherzigkeit findet Raum bei mir.
Unschuldig Blut habe ich vergossen,
die Armen unterdrücke ich,
ich kenne die Sünde der Sodomer,
ich gebe nicht einmal die Hälfte des verdienten Lohnes.

Die Weisheit Gottes, Wissen und Einsicht
in den göttlichen Rat, Stärke und Innigkeit in Gott,
Furcht Gottes und göttliche Barmherzigkeit,
göttliche Liebe und Güte lag mir immer fern.
Den Priester verhöhne ich, meine Ehe breche ich,
meine Taufe und Firmung lasse ich unbeachtet,
Gottes Leib empfange ich unwürdig,
Ölung, Beichte und Buße sind mir unangenehm.
Über meine Armut erbittere ich mich,
und Böses treibe ich allzeit als ein Verlorener.
Unbarmherzig, wie ich bin, kann ich Gottes Gerechtigkeit
nicht leiden, und Freundlichkeit erwidere ich mit Haß.

Mein Sehen, Hören gebrauche ich zur Sünde,
mein Schmecken, Riechen verschlinge ich im Genießen,
mein Greifen, Gehen und Denken vertue ich,
ohne dem Herrn Frucht zu tragen.

Der himel und erd beschaffen hat,
und was darinn wonleichen stat,
der gab mir Wolkenstainer rat,
auss peichten solt ich leren
Durch mein gesank vil hofeleut
und mangen ungewissen mensch,
die sich verirren in der heut,
recht als in Pehem tuent die gens.

Darumb hab ich die zehen pot,   VI
die siben todsünd, michel rot,
die fremden sünd an allen spot
bekant durch reulich schulde,
Die hailgen werch der parmung rain,
die gab des hailgen gaistes stain,
vier rueffend sünd, fünf sinn verain.
o priester, gebt mir hulde!
Durch hailikait der siben gab
sprecht ablas meiner sünde,
acht sälikait ir nempt mir ab,
das ich in got erzünde.

26

Benedicite

Gesegent sei die frucht,
trank, essen, wein und prot
von got, den mägtlich zucht
gepar,   fürwar,
selbdritt ain durch uns laid den tot,
Der immer lebt an ent,
ie was an anevank,
sein leiplich speis hie sent
uns schier,   wenn wir

82

Er, der Himmel und Erde geschaffen hat
und was darin lebt,
der gab mir, dem Wolkensteiner, ins Herz,
ich sollte in meinem Gesang
durch eine Beichte viele Hofleute belehren
und manchen Menschen, der unsicher ist
und sich in seiner Haut nicht mehr auskennt
so wie die Gänse zu Böhmen.

Darum habe ich die zehn Gebote,
die sieben Todsünden, alle miteinander,
und die fremden Sünden in ganzem Ernst
und in Reue über meine Schuld gebeichtet,
dazu die reinen Werke heiliger Barmherzigkeit,
die edelsteingleichen Gaben des Heiligen Geistes,
die vier himmelschreienden Sünden und alle fünf Sinne.
O Priester, schenkt mir Gnade!
Bei der Heiligkeit der sieben Gaben,
sprecht mir Vergebung meiner Sünde zu!
Nehmt von mir mein Vergehen gegen die acht Seligkeiten,
damit ich in Gott entbrenne.

26

Benedicite

> Gesegnet sei die Frucht,
> Trank und Speise, Wein und Brot
> von Gott, den wahrlich
> jungfräulicher Adel geboren hat.
> dem dreieinen, der um unsretwillen starb,
> der endlos, ewig lebt,
> seit je ohne Anfang war;
> die Speise seines Leibes
> sende er uns beizeiten,

in disem leben werden krank.
Des hilff, frau kron.
kyrieleison,
vater, hailiger gaist
mit deinem sun,
uns gnad vollaist
und nicht den veinden gun,
das si uns verlaiten in we.
amen. benedicite.

27

Es leucht durch graw   die vein lasur   I
durchsichtiklich gesprenget;
plick durch die praw, rain creatur,
mit aller zier gemenget.
Preislicher jan, dem niemand kan nach meim verstan
plasnieren neur ain füesslin,
an tadels mail   ist er so gail. wurd mir zu teil
von ir ain freuntlich grüesslin,
so wär mein swär auff ringer wag
vollkomenlich geschaiden,
von der man er, lob singen mag
ob allen schönen maiden.

Der tag scheint gogel- eichen hel,   II
des klingen alle auen,
darin mang vogel- reich sein kel
zu dienst der rainen frauen
Schärfflichen pricht, süesslichen ticht und tröstlich flicht
mit strangen heller stimme.
all plüemlin spranz, des maien kranz, der sunnen glanz,
des firmaments hoch klimme
Dient schon der kron, die uns gepar
ain frucht keuschlich zu freuden.

wenn wir in diesem Leben hinfällig werden.
Dazu hilf, gekrönte Königin!
Kyrie eleison.
Vater, Heiliger Geist,
samt deinem Sohn,
schenk uns Gnade,
und erlaube den Feinden nicht,
daß sie uns ins Unheil führen!
Amen. Benedicite.

27

Durch das Grau strahlt feines Azurblau,
durchleuchtend eingesprengt.
Blicke durch deine Wimpern, du reines Geschöpf,
bedacht mit aller Zier!
Preisenswertes Garbenfeld, ohne Tadel und Makel,
so herrlich bist du, daß dir niemand, wie ich weiß,
auch nur den Fuß noch schöner schmücken kann.
Mein schweres Leid wöge leicht und wäre ganz von mir genommen,
wenn ich nur einen freundlichen Gruß
geschenkt bekäme von ihr,
der man vor allen schönen Jungfrauen
Ehre und Lob singen kann.

Der Tag strahlt fröhlich hell,
darum erklingen alle Auen
von den Vogelscharen, die ihren Gesang,
der reinen Frau zu gefallen,
fein kolorieren, süß erfinden, tröstlich flechten
aus Bändern heller Melodien.
Die sprießenden Blumen, der Maienkranz, der Sonnenschein
und die hohe Decke des Firmaments,
alles dient schön der Krone, die uns zur Freude
keusch einen Sohn geboren hat.

wo wart   kain zart   junkfrau so klar
ie pillicher zu geuden?

Das wasser, feuer,   erd und wint, III
schatz, kraft der edlen staine,
all abenteuer,   die man vint,
gleicht nicht der maget raine,
Die mich erlöst,   täglichen tröst.   si ist die höst
in meines herzen kloster.
ir leib so zart   ist unverschart.   ach rainer gart,
durch wurz frölicher oster
Ste für   die tür   grausleicher not,
wenn sich mein haubt wird senken
gen deinem   veinen   mündlin rot,
so tue mich, lieb, bedenken!

28

Der oben swebt   und niden hebt, I
der vor und hinden, neben strebt
und ewig lebt,   ie was an anevange,
Der alt, der jung   und der von sprung
trilitz gevasst in ainlitz zung
an misshellung   mit unbegriffner strange,
Der strenklich starb und was nicht tot,
der keuschlich ward empfangen und an alle not
geporen rot,   weiss durch ain junkfrau schöne,
Der manig wunder hat gestift,
die hell erprach, den teufel darin ser vergift,
getult, geschift   all wurz durch stammes tröne,

Dem offen sein   all herzen schrein, II
grob, tadelhäftig, swach, guet, vein,
das er darein   sicht allerlai gedenke,

Wo gab es je eine glänzende zarte Jungfrau,
der man mit mehr Recht zugejauchzt hätte?

Wasser, Feuer, Erde und Wind,
Wert und Kraft der Edelsteine,
alle Wunderdinge auf Erden
können nicht der reinen Jungfrau gleichen,
die mich erlöst und mir täglich hilft. Sie ist die höchste
in der Klause meines Herzens.
Ihr zarter Leib ist unversehrt. Ach, reiner Garten,
um des Heilkrauts froher Ostern willen
verstelle der schrecklichen Not die Tür!
Wenn mein Haupt sich neigen wird
zu deinem feinen roten Mündlein,
so gedenke mein, Liebste!

28

Der oben schwebt und unten trägt,
der vorn und hinten und an den Seiten stützt,
der ewig lebt und immer ohne Anfang war,
der alt und jung ist und vom Ursprung her
dreifältig in ein einziges Wort gefaßt
ohne Widerspruch in unbegreiflicher Verflechtung,
der mit Schmerzen gestorben und doch nie tot gewesen ist,
der in Keuschheit empfangen und als blühendes Kind
in Freuden von einer schönen Jungfrau geboren worden ist,
der viele Wunder gestiftet hat,
die Hölle aufgebrochen, den Teufel in ihr vertilgt
und alle Wurzeln mit Stengeln und Dolden versehen hat
                                   durch den Stammsaft,

dem die Kammern aller Herzen offenstehen,
die bösen, fehlerhaften, schwachen, guten und edlen,
so daß er aller Art Gedanken in ihnen sieht,

Dem tuen und lan   ist undertan,
die himelsteren, sunn, der man,
der erden plan,   mensch, tier, all wasser renke,
Auss dem all kunst geflossen ist,
von dem, der aller creatur durch spähen list
zu ieder frist   ir zierhait würkt, schon eusset,
Dem alle tier, zam und auch wilt,
hie dankper sein, das er den samen hat gepilt
der narung milt,   gar waideleich vergreusset,

Der himel, ert   gar unversert   III
hat undersetzt an grundes hert,
das wasser kert   darin durch fremde rünste, –
Der wunder zal   vil tausent mal
wär mer zu singen überal
mit reichem schal,   so hindern mich die künste –
Der mir die sel klar geben hat,
leib, er und guet, vernunft und cristenliche wat:
der geb mir rat,   das ich im also danke,
Damit ich all mein veind verpau
paid hie und dort, damit mich kainer nicht verhau.
o keuschlich frau,   dein hilff mir darzu schranke!
Amen.

dem alles Tun und Lassen unterworfen ist,
die Himmelssterne, Sonne und Mond, die Erdscheibe,
Menschen und Tiere und alle Bewegungen des Wassers,
von dem alle Kunst und Weisheit ausgeht,
der allzeit mit feinem Sinn
jeder Kreatur ihre Schönheit schafft und sie herrlich zeigt,
dem alle Tiere auf Erden, zahme und wilde,
dankbar sind, daß er den Keim ihrer reichlichen Nahrung
ersonnen hat und köstlich wachsen läßt,

der ohne gründenden Boden Himmel und Erde
ganz unverletzbar untermauert hat und in ihnen
das Wasser auf geheimnisvollen Wegen rinnen läßt,
– von der Menge der Wunder überall gäbe es
vieltausendmal mehr zu sagen in lautem prächtigen Gesang,
doch hindert mich die Kleinheit meiner Kunst –
der mir die lichte Seele gegeben hat und Leben,
Ehre und Besitz, Vernunft und das Kleid der Christenheit:
der helfe mir, ihm so zu danken,
daß ich vor allen meinen Feinden sicher wohne, hier wie dort,
damit mich keiner zerschlage.
O reine Jungfrau, deine Hilfe sei dabei meine Schutzwand.
Amen.

ZU TEXT UND ÜBERSETZUNG

Überlieferung und Textgestalt
Die Lieder Oswalds von Wolkenstein sind uns in drei Handschriften überliefert. Zwei davon sind in unmittelbarer Nähe des Dichters und offensichtlich in seinem Auftrag entstanden: A, datiert 1425, mit Nachträgen bis 1436, jetzt Österreichische Nationalbibliothek Wien; B, datiert 1432, mit Nachträgen bis nach 1438, jetzt Universitätsbibliothek Innsbruck; beide mit Noten; beide mit einem Autorenbild am Anfang. Die dritte Handschrift, c, jetzt Museum Ferdinandeum Innsbruck, wurde wohl erst nach Oswalds Tod für die Familie Wolkenstein geschrieben; sie ist weniger prächtig, enthält keine Noten und kein Porträt. Alle drei Handschriften blieben lange im Besitz der Familie. Außerhalb dieser Handschriften waren nur wenige einzelne Lieder Oswalds verbreitet und wurden in mündlicher und schriftlicher Weitergabe zum Teil recht entstellt, ehe sie den Weg in eine der Liedersammlungen des 15. Jahrhunderts fanden; von den Liedern dieser Auswahl sind es nur *Wach auff mein hort, Wolauff wir wellen slaffen* und *Nu huss*.

Der Text dieser Auswahl schließt sich in der Orthographie fast durchweg an die Ausgabe von Josef Schatz an, der die bunte und oft verwirrende Schreibweise der Handschriften in Richtung auf die für jene Zeit zu erschließende Sprache Tirols vereinheitlicht hat. Den Wortlaut habe ich zum Teil an den Originalen, zum Teil anhand von Fotokopien der Handschriften A und B vollständig durchgeprüft. Den Beamten der Österreichischen Nationalbibliothek Wien und der Universitätsbibliothek Innsbruck möchte ich an dieser Stelle für ihre freundliche Hilfe danken. Abweichungen zwischen den Handschriften und mögliche Fehler in beiden Haupthandschriften habe ich neu durchdacht. Die wenigen Fälle, in denen ich mich dann anders als Schatz entschieden habe, sind nicht eigens vermerkt. Etwas stärker weicht der Text in der Interpunktion und in der Gliederung der Strophen von den bisherigen Ausgaben ab. Für die Strophengliederung hat oft der Blick auf den Bau der Melodie neue Gesichtspunkte ergeben.

Zur Aussprache
Einer historisch richtigen Aussprache wird man am nächsten kommen, wenn man die Orthographie beachtet und eine leichte bairisch-österreichische Färbung einhält. Für nicht-süddeutsche Leser ist vor

allem wichtig, daß *ue*, *üe* und *ie* als Diphthonge zu sprechen sind und daß *p* am Silbenanfang nicht behaucht wird. Es lassen sich nicht mehr alle Einzelheiten der Aussprache mit Sicherheit erschließen. Oswald selbst war in diesem Punkte keineswegs skrupulös: Wie man aus den Reimen sehen kann, schwankte er selbst gelegentlich in seiner Sprechweise (z. B. *fröleich* neben *frölich*), ja er verpflanzte mittel- oder niederdeutsche Formen mitten in sein Oberdeutsch, wenn er damit einen Reim oder eine andere Klangwirkung erreichen konnte (z. B. *lief* statt *lieb* S. 6 und *up* statt *auf* S. 15).

Auswahl und Anordnung
Dieses Buch enthält mehr als ein Fünftel aller Lieder Oswalds. Nach Möglichkeit sind alle wichtigeren Typen durch Beispiele vertreten. Einige besonders umfangreiche Lieder mußten aus Raumgründen fortfallen. Das Verhältnis der Typen und Themen ist zugunsten der autobiographischen Dichtung und der unkonventionellen Liebesdichtung leicht verschoben; denn in diesen Bereichen liegt Oswalds eigentümlichste Leistung. Selbstverständlich hat persönlicher Geschmack die Auswahl mitbestimmt.

Für die Datierung von Oswalds Liedern gibt es nur zweierlei sichere Anhaltspunkte: Einmal die Stellung in den Handschriften. Doch da läßt sich für die meisten Lieder nur sagen, daß sie vor 1425 entstanden sein müssen, weil sie damals in die Handschrift A eingetragen wurden. Aber 1425 ist spät, der größte Teil von Oswalds Lebenswerk ist um diese Zeit abgeschlossen. Zum anderen kann man Lieder mit biographischen Anspielungen zeitlich ungefähr festlegen. Aber nicht alle Anspielungen sind eindeutig, und manches Lied mag erst längere Zeit nach dem Ereignis, auf das es sich bezieht, entstanden sein. In dieser Ausgabe erscheinen nur solche Lieder, deren Datierung nicht allzu unsicher ist, in chronologischer Reihenfolge (Nr. 12–24). In den Gruppen der weltlichen Lieder am Anfang (Nr. 1–11) und der geistlichen Lieder am Schluß der Auswahl (Nr. 25–28) stehen Werke aus ganz verschiedenen Epochen nebeneinander.

Zur Übersetzung
Die Übersetzung stellt keine literarischen Ansprüche. Sie versucht nur, den Zugang zum Text zu erleichtern. Dem Bestreben, den Sinn getreu wiederzugeben, stellten sich mancherlei Schwierigkeiten entgegen. Es waren meist die gleichen, wie sie bei jeder Übersetzung aus dem Mittelhochdeutschen auftauchen: Die Wörter lauten ähn-

lich und bedeuten oft fast das gleiche wie im Neuhochdeutschen, aber die Nuancen des mittelhochdeutschen Ausdrucks lassen sich fast nie wiedergeben. Die Sätze sind in der älteren Sprachstufe mehr rhythmisch-assoziativ gereiht als logisch-grammatikalisch gebaut, und die Satzglieder schweben oft in mehrfacher Beziehbarkeit. Die Übersetzung kann das selten nachahmen. Oswalds Lieder bieten darüber hinaus oft schon dem elementaren Verständnis erhebliche Schwierigkeiten. Ungewöhnliche Vielschichtigkeit des Wortschatzes, ungewöhnliche Eigenwilligkeit des Wortgebrauchs, ungewöhnlich weitgehende Vernachlässigung aller syntaktisch konstruktiven Elemente (Endungen, Pronomina, Artikel, Wortstellung) zugunsten von Klangreiz und gedrängter Wortfülle, das sind einige Gründe dafür, daß manche Stellen in Oswalds Liedern bisher noch nicht befriedigend erklärt worden sind. Nur in wenigen Fällen ist es mir gelungen, über die grundlegenden Arbeiten von Schatz und Marold und über die da und dort in der wissenschaftlichen Literatur verstreuten Deutungsversuche hinauszugelangen. Und in manchen Fällen, in denen ich von den bisherigen Auffassungen abweiche, stellt meine Übersetzung nur einen Versuch dar, der zu besseren Vorschlägen anregen möchte. – Ohne Bedenken habe ich in der Übersetzung gelegentlich Wendungen einer süddeutsch getönten Umgangssprache gebraucht, wo sie geeignet schienen, die Schattierung von Oswalds Ausdruck wiederzugeben.

ANMERKUNGEN ZU DEN EINZELNEN LIEDERN

1 *Freu dich, du weltlich creatur*
 Schatz 4, Klein 120, Koller 91.
 Dreistimmig (Tenor mit zwei instrumentalen Oberstimmen).
2 *Gar wunniklich hat si mein herz besessen*
 Schatz 33, Klein 64, Koller 95. Auf der Telefunken-Platte. Zweistimmiger Kanon. In den literarischen Motiven ganz traditionell: Liebesfessel, *melder*. Ungewöhnlich in der Form: lauter Kornreime (Reimbindungen zwischen den Strophen).
3 *Des himels trone*
 Schatz 35, Klein 37, Koller 88. In der Handschrift A zweistimmig, in B steht nur der Tenor. Die ersten Teile der Strophe (kurze Zeilen) bewegen sich in weitschwingenden Melodiebögen, melismenreich und nicht taktmäßig gebunden; der Schlußteil (lange Zeilen) wirkt durch klaren Dreierrhythmus tanzartig.
4 *Frölich, zärtlich, lieplich und klärlich*
 Schatz 12, Klein 53, Koller 94. Zweistimmig. Der Anfang ist angeregt durch ein Lied des Mönchs von Salzburg, das *taghorn*. Einige Adjektive in Strophe II sind Neubildungen Oswalds, die sich in ihrer Bedeutung nur annähernd erfassen lassen.
5 *Wach auff, mein hort*
 Schatz 9, Klein 101, Koller 110. Auf beiden Archiv-Platten. Zweistimmig (Tenor mit einer wahrscheinlich instrumentalen Oberstimme). Die Wendung *plick durch die praw* stammt aus dem *taghorn* des Mönchs von Salzburg.
6 *Los, frau, und hör des hornes schal*
 Schatz 10, Klein 49, Koller 105. Auf beiden Archiv-Platten. Zweistimmig.
 Dieses und das folgende Lied gehören zu einem Typus, den Oswald vom Mönch von Salzburg übernommen und in kunstvolleren, weitergespannten musikalischen Sätzen und mit größerer dichterischer Fülle weitergebildet hat: Die beiden Stimmen singen gleichzeitig – nicht nacheinander, wie es auf der Schallplatte der Verständlichkeit zuliebe geschieht – verschiedene Texte, die aufeinander reimen und sich inhaltlich aufeinander beziehen. Der Vergleich mit dem Duett eines Singspiels liegt nahe. Doch fallen Rolle und Stimme nicht ganz zusammen, vor allem nicht in dem ersten der beiden Stücke: Die durch die Tradition des Tageliedes festgelegten drei Rollen sind auf zwei

Stimmen verteilt, ohne daß man die Grenzen der Reden durchwegs mit Sicherheit bestimmen könnte (die Angaben in der Übersetzung stellen nur *eine* Möglichkeit dar; gegen sie könnte sprechen, daß im Tagelied üblicherweise nicht die Frau, sondern der Mann den Ort der heimlichen Liebesnacht verlassen muß, daß also die letzte Zeile des Tenors eher der Frau in den Mund zu legen wäre). Oswalds Unbekümmertheit gegenüber dem Rollencharakter der Stimmen – noch deutlicher in einigen hier nicht ausgewählten Stücken dieses Typs – läßt sich vielleicht daraus verstehen, daß ihm neben dem Mönch von Salzburg auch französische oder italienische mehrtextige Musik zum Vorbild gedient hat. Dort ist der Dialog nur eine, keineswegs die häufigste Form, wie sich gleichzeitig gesungene Texte aufeinander beziehen können; eine andere Möglichkeit ist etwa, daß beide Texte das gleiche nur mit anderen Worten sagen. Ähnlich sprechen in *Los, frau* die Stimmen mehr neben- als zueinander. Die Motive der lyrisch-epischen Rollen sind ebenso wie die »realistischen« musikalischen Vorgänge der hornähnlichen Quintsprünge und gebrochenen Dreiklänge nur Elemente einer neuen lyrisch-musikalischen Ganzheit, die mehr an den Handlungszusammenhang erinnert als ihn darstellt.

7 *Stand auff, Maredel*

Schatz 46, Klein 48, Koller 106. Auf der großen Archiv-Platte. Zwei Singstimmen und zwei Instrumentalstimmen.

Oswald hat hier den französischen Satz *Jour a jour la vie* übernommen. Diese anonyme Komposition, entstanden vor 1376, war sehr verbreitet und ist uns auch textlos für Instrumente und einmal mit geistlichem Text *Christus rex pacificus* überliefert. Vgl. Dragan Plamenac in: Liber amicorum Charles van den Borren, Antwerpen 1964, S. 149 f. Oswalds Text hat jedoch mit dem Text der französischen Vorlage nichts zu tun.

Konsequenter als beim vorigen Lied sind hier zwei Dialogrollen auf zwei Stimmen verteilt. Inhaltlich liegt diese prächtige Scheltszene im Schnittpunkt zweier literarischer Traditionen: Neben dem Tagelied, das auch schon Steinmar (Ende des 13. Jh.) und der Mönch von Salzburg ins Ländlich-Derbe umgesetzt hatten, wirkt hier noch ein anderer Typ als Vorbild: der Wortwechsel zwischen Mutter und liebesgieriger Tochter, wie ihn Neidhart von Reuental in die Lieddichtung eingeführt hatte. In der Rolle der Bäuerin treffen sich also die Rolle des Wächters und die der Mutter.

8 *Treib her, treib überher*
Schatz 40, Klein 92, Koller 65. Einstimmig. Die Derbheit der Tradition ländlicher Szenen ist in diesem Lied kaum zu spüren. Die Naturschilderungen und Liebesbeteuerungen stehen stilistisch in »feineren« Traditionen: antik-mittelalterliche Ideallandschaft, Minnesang. Neben literarischen (auch außerdeutschen?) Traditionen mögen Oswald auch volkstümliche Bräuche angeregt haben: Jodeln von Alm zu Alm oder Wechselgesang zwischen Bursch und Mädchen.

9 *Fröleich so wil ich aber singen*
Schatz 80, Klein 79, Koller 120. Zweistimmig (Tenor mit einer wahrscheinlich instrumentalen Oberstimme). Die Textfassung schließt sich besonders eng an die Handschrift A an, da diese vielleicht versucht, den unfeinen bäurischen Dialekt anzudeuten.

10 *Wolauff, wir wellen slaffen*
Schatz 42, Klein 84, Koller 114. Zweistimmig.

11 *Der mai mit lieber zal*
Schatz 45, Klein 50, Koller 87. Auf der großen Archiv-Platte. Zweistimmig. Oswald hat hier den dreistimmigen Satz *Par maintes foys* von Jean Vaillant (um 1370) zweistimmig übernommen. Bei der textlichen Bearbeitung ist manche Feinheit verlorengegangen (z. B. die Bedeutung des lautmalenden Vogelrufs: *tue* = töte; *oci* = erschlage). Aus einer geschlossenen Szene, in der die Vögel auf Wunsch der Nachtigall den anmaßenden Kuckuck gefangennehmen, ist eine lockere, vom Verspielt-Feinen zum Derb-Humorvollen sich öffnende Folge von Klangbildern getreten. Vaillants Text mit einer wörtlichen Übersetzung findet sich bei: Herbert Loewenstein, Wort und Ton bei Oswald von Wolkenstein. Königsberger Deutsche Forschungen Heft 11, Königsberg 1932, S. 100 f. (vgl. auch S. 83); dort auch weitere Literaturhinweise.

12 *Ach senleiches leiden*
Schatz 18, Klein 51, Koller 84. Zweistimmig. »Du treibst mich fort nach Josaphat« könnte auch bildlich verstanden werden: »du treibst mich in den Tod«. Denn nach mittelalterlichem Glauben wird das Jüngste Gericht im Tale Josaphat stattfinden. Da wir aber wissen, daß Oswald auf seiner Pilgerreise auch das Tal Josaphat besucht hat, liegt die wörtliche Auffassung näher. Damit ist dieses Lied eines der frühesten Lieder Oswalds mit autobiographischen Anspielungen; und es ist vielleicht auch das älteste Lied unserer Auswahl.

13 *Wer machen well den peutel ring*
Schatz 60, Klein 45, Koller 76. Einstimmig, nach der gleichen Melodie wie *Durch Barbarei, Arabia. D*ie große Menschenansammlung während des Konstanzer Konzils verursachte in der Bodenseegegend eine Teuerung. Das Lied bezieht sich also wohl auf einen Besuch Oswalds in Überlingen während dieser Zeit. – III. Eine negative *laus membrorum*, eine Umkehrung des in der Dichtung des Mittelalters und auch bei Oswald beliebten Lobs der einzelnen Glieder der Geliebten.

14 *Es fuegt sich*
Schatz 64, Klein 18, Koller 19. Anfang und Schluß auf beiden Archiv-Platten. Einstimmig. Entstanden um 1416, kurz vor Oswalds Heirat.
Einige Einzelheiten: I. Die *drei pfenning* und das *stücklin prot* sind wohl symbolische Gaben, Notpfennige und Heimwehbrot. – II. Der Sinn des Textes wäre deutlicher, wenn man gegen die Überlieferung die zweite und dritte Zeile vertauschte. Doch ist es durchaus möglich, daß die syntaktische und inhaltliche Verschränkung von Oswald so gewollt ist. Die Übersetzung kann sie freilich nicht nachahmen. – III. Die *künigin von Arragun* und *die von Praides* ist Margarete, die damals 29jährige Witwe König Martins von Aragonien; sie stammte aus Prades in der katalonischen Provinz Tarragona. *Non maiplus disligaides* »bindet es nie mehr los« und *racaides* »Ohrgehänge« sind aragonesisch-katalanische Sprachbrocken in nicht ganz korrekter Aufzeichnung. – IV. Als Begharden schlossen sich Männer zu geistlichem Leben zusammen, ohne die eigentlichen Mönchsgelübde abzulegen. Oswald meint wohl seine Pilgerfahrt nach Jerusalem. Daß die umworbene Dame Bedingungen stellt, ist ein altes Motiv. In Fastnachtsspielen verlangt sie manchmal, daß der Verehrer in Büßer- oder Mönchskleidung oder auch im Narrenkittel durchs Land zieht, gewährt ihm aber auch nach Erfüllung dieser Bedingung ihre Gunst nicht. So kann die Kutte zum Ausdruck des Narrentums und zum Zeichen des geprellten Liebhabers werden. Für Oswald aber bedeutete das geistliche Gewand im Gegenteil Erfolg, und zwar ohne Zweifel Liebeserfolg. Freilich läßt er hier wohl absichtlich offen, ob er bei der eigentlich verehrten Dame oder bei anderen Mädchen erfolgreich war. Auch der Pilger oder Mönch als Liebhaber ist ein verbreitetes Motiv. Oswald selbst sagt in einem anderen Lied: »Ach Gott, wäre ich ein Pilger, wie ich vorzeiten einer war!

Dann wollte ich in ›brüderlicher‹ Liebe zu meinen ›Schwestern‹ wallen. Allerhand Geschichten und Neuigkeiten wollte ich ihnen zuflüstern, fein ins Öhrlein freundlich zärtlich schwätzen.« –
VI. Die männliche Bevölkerung der griechischen Insel *Nyo-Ios* ist den größten Teil des Jahres auf See.
Zum ganzen Lied vgl. Hildegard Emmel, Die Selbstdarstellung Oswalds von Wolkenstein. In: Gestaltung – Umgestaltung. Festschrift H. A. Korff. Hrsg. von Joachim Müller. Leipzig 1957, S. 39–45. – Gerade dieses Lied, das zunächst den Eindruck einer regellos bunten Abfolge von Bildern und Kleinszenen erweckt, versteht man wohl nur dann richtig, wenn man Aufbau und Sinnzusammenhänge bedenkt. Das Lied setzt zwar wie ein erzählender Bericht ein und beginnt mit den Jugendjahren, ist aber im ganzen nicht chronologisch angelegt. Die ersten sechs Strophen gruppieren sich locker nach verschiedenen Gesichtspunkten: I–II stolzes Aufzählen der Nöte, Gefahren und Fähigkeiten, zum Teil katalogartig reihend; III–IV selbstironisches Erzählen zweier gegensätzlicher Erlebnisse in Umkehrung der realen Chronologie: auf die Spanien-Reise, den Höhepunkt weltlichen Glanzes, folgt die Pilgerreise als Versuch einer geistlichen Umkehr, ein Versuch freilich, den die Liebe scheitern, ja zur Farce werden läßt; V–VI Liebesklage, halb ernst, halb durch Übersteigerung traditioneller Motive selbstironisch, als Gegensatz zurückbezogen auf das bunte Leben, das die ersten Strophen thematisch bestimmte: viele Nöte habe ich erlebt – von ihr leide ich am meisten; viele schöne Frauen habe ich gesehen – aber sie ist die schönste. Über diese Gruppierung lagert sich eine Gliederung nach den beiden Hauptthemen: I–III Welterfahrung, IV–VI Liebeserfahrung. Strophe VII faßt diese beiden Hauptthemen zusammen: Der immer unerfüllten Liebe (Minnesangtradition) wird die Ehe als eigentliche Ordnung, aber auch als gefürchtete Plage (Schwanktradition) entgegengestellt; die Liebe erhält dadurch noch in dem Augenblick, da er sich von ihr zu lösen versucht, einen Realitätscharakter, der dem alten Minnesang fremd war. Die Welterfahrung aber, die Oswald als Zehnjähriger gesucht hat (I), zeigt sich ihm jetzt im Alter von 38 Jahren als Weltverfallenheit, die Anerkennung durch die Großen dieser Welt (III) erweist sich als nichtig.

15 *Ain tunkle varb in occident*
Schatz 71, Klein 33, Koller 7. Ein Lied nach der gleichen Melodie auf der Telefunken-Platte *(In Suria ain praiten hal).* Einstimmig. Nach der gleichen Melodie geht auch *Es leucht durch graw die vein lasur.* Ein vergleichbares Sehnsuchtslied mit Umkehrung von Tageliedmotiven ist das *nachthorn* des Mönchs von Salzburg. Ein Zusammenhang zwischen beiden Liedern läßt sich freilich nicht beweisen.

16 *Wolauff, wolan*
Schatz 75, Klein 75, Koller 115. Zweistimmig.

17 *»Nu huss!« sprach der Michel von Wolkenstain*
Schatz 78, Klein 85, Koller 49. Auf der großen Archiv-Platte. Das Lied ist wohl nicht auf einmal entstanden, ist aber ohne Zweifel so als Einheit gemeint und bezieht sich auf zusammenhängende Ereignisse des Jahres 1418. Strophe I bis III, durch Kornreim gebunden und sentenzartig schließend, erzählen den eigentlichen Ausfall. Das »obere Feld« befindet sich etwas oberhalb der vorgeschobenen Felsspitze, auf der Greifenstein liegt; es ist die einzige Stelle, von der aus man die Burg beschießen konnte. Strophe IV bis VII erzählen den endgültigen Durchbruch. Nach dem geglückten Ausfall haben sich die Wolkensteiner und ihre Leute offenbar durch das Hochland oberhalb von Bozen ins untere Sarntal durchgeschlagen. Dort, in der Nähe des Dorfes St. Georgen und der Burg Rafenstein, kommt es nochmals zum Gefecht: die Ritter von Greifenstein und Rafenstein kämpfen gegen die Bauern, die an der Seite des Herzogs stehen. Als das Großaufgebot der Bürger und Bauern heranzieht, machen sich die Wolkensteiner und ihre Freunde davon.

18 *Ain anefank*
Schatz 84, Klein 1, Koller 2. Einstimmig. Entstanden während der ersten Gefangenschaft im Jahre 1421. An mehreren Stellen spielt Oswald mit dem Gedanken, daß für ihn die traditionell metaphorischen Liebesfesseln (vgl. Nr. 2) zur buchstäblichen Wirklichkeit geworden sind. – Eines der ernstesten und persönlichsten Lieder Oswalds. Er selbst hat es offenbar als besonders wichtig empfunden: beide Handschriften seiner Lieder beginnen mit *Ain anefank;* und auf einem Spruchband, das der Dichter auf dem Autorenbild der älteren Handschrift A in der Hand hält, war der Anfang dieses Liedes zu lesen (jetzt nicht mehr zu entziffern).

19 *Es nahent gen der vasennacht*
Schatz 86, Klein 60, Koller 23. Einstimmig. III. *ir vart:* die Wallfahrt, zu der die Hausmannin Oswald aufgefordert hatte (vgl. S. 95).

20 *Wenn ich betracht*
Schatz 88, Klein 3, Koller 72. Einstimmig, nach der Melodie *Ain anefank.* Zu der traditionellen Beispielreihe, in die Oswald entgegen aller Tradition sich selbst einreiht, vgl. Friedrich Maurer, Der Topos von den »Minnesklaven«. In: Deutsche Vierteljahrsschrift für Literaturwissenschaft und Geistesgeschichte 27 (1953), S. 182–206.

21 *Ich sich und hör*
Schatz 93, Klein 5, Koller 35. Einstimmig, nach der Melodie *Ain anefank.* Oswald hat diese Altersklage noch vor 1425, also im Alter von weniger als 48 Jahren, verfaßt, wohl noch unter dem Eindruck der körperlichen und seelischen Belastungen der ersten Gefangenschaft.

22 *Durch Barbarei, Arabia*
Schatz 107, Klein 44, Koller 17. Einstimmig, nach der gleichen Melodie wie *Wer machen well den peutel ring.* Entstanden in der bedrückten Zeit von 1424 bis 1427. – I. Nicht alle geographischen Namen lassen sich mit Sicherheit identifizieren. *Ibernia* könnte auch Irland sein. *Eiffenlant* wird sonst für Livland gebraucht, aber auch *Liffen* scheint Livland zu bedeuten. *Der vinster steren* ist eine volkstümliche Umdeutung von *finis terrae;* Oswald meint wohl das spanische Kap Finisterre.

23 *Zergangen ist meins Herzen we*
Schatz 83, Klein 116, Koller 82. Einstimmig. Der biographische Hintergrund dieses Liedes ist nicht bekannt. Es mag sich um eine von Oswalds vielen Rechtsstreitigkeiten handeln. Das Lied wurde erst nach einem 1427 entstandenen Liede in die Handschrift A eingetragen und paßt auch stilistisch am besten in die Spätzeit Oswalds. Darum ist es hier eingereiht. Alois Dejori, Heimatempfinden und Heimatlieder Oswalds von Wolkenstein, Diss. (masch.) Innsbruck 1961, S. 153–155, identifiziert den *Plätscher* dieses Liedes mit dem 1418 gestorbenen *Hans dem Plätscher* und setzt damit das Lied in die Zeit vor 1418. Seine These scheint mir nicht beweisbar, da der Name *Plätscher* sicher nicht einmalig war: *Platsch* oder *Plätsch* ist als Hofname für jene Zeit und jene Gegend mehrfach belegt, einer dieser Höfe liegt in St. Valentin, nahe bei Hauenstein. So habe ich keine

Bedenken gegen die durch die genannten Gründe nahegelegte Spätdatierung. Oswald, der Wort- und Namenspiele liebte, denkt bei diesem Namen gewiß auch an die Bedeutung *plätscher* = Schwätzer. – Der *Mosmair* ist sicher derselbe wie der *Hainz Mosmair* eines anderen Liedes; urkundlich sind unter diesem Namen für Oswalds Zeit ein Brixener Bürger und ein Bauer bei Kastelruth bezeugt. – Ein Hof *zum Mutzen* ist unter den Gütern, die Oswald bei der Teilung des Erbes zugesprochen wurden. – I. Zu der Beschreibung der Vogelstimmen mit Hilfe der mittelalterlichen Tonnamen könnte Oswald durch den *guldin rei* des Spruchdichters Harder (Ende des 14. Jh.) angeregt worden sein. Freilich steht das Lied in seiner Konkretheit dem Stil der Spruchdichtung ganz fern.

24 *Wer die augen wil verschüren mit den prenden*
Schatz 115, Klein 103, Koller 112. Zweistimmig. Entstanden 1432, während des Aufenthaltes in der Lombardei. – II. Spottverse auf Hermann Hecht, Protonotar und Sekretär König Sigmunds in Piacenza. Die *staine leber* geht vielleicht auf seinen großen Durst, denn die Leber gilt u. a. als Sitz des Durstes. Der Jülicher ist Peter Kalde, ein anderer Kanzleibeamter. – III. Angesprochen sind Hermann Hecht und der Registrator Marquart Brisacher. – IV. Sebastian, wohl ein Italiener, konnte bisher nicht identifiziert werden. Florenzola ist ein Ort bei Florenz.

25 *Mein sünd und schuld euch priester klag*
Schatz 106, Klein 39, Koller 46. Einstimmig. Entstanden wahrscheinlich nach 1427, darum hier eingeordnet als ein Übergangslied zwischen den Liedern der Spätzeit und den nicht datierbaren geistlichen Liedern.
Oswald lehnt sich in diesem Lied an Beichtspiegel in Prosa an, wie sie als geistliche Gebrauchsliteratur in großer Zahl aus dem späten Mittelalter überliefert sind. Wie die Beichtspiegel reiht er verschiedene Sündensysteme aneinander: die zehn Gebote (I Ende, II Anfang), die sieben Hauptsünden (II Ende), die »fremden« Sünden (III Anfang), die Mißachtung der Werke der Barmherzigkeit (III Mitte), die himmelschreienden Sünden (III Ende), die Mißachtung der sieben Gaben des Heiligen Geistes (IV Anfang) und der sieben Sakramente (IV Mitte) und schließlich den Mißbrauch der fünf Sinne (V Anfang). Es fehlen die Sünden gegen die acht Seligkeiten, die Oswald in der Schlußstrophe mit aufzählt, wenn man nicht das Ende von

Strophe IV als Anspielung auf sie deutet. Die Systeme sind bei Oswald nicht streng durchgeführt: bald fehlen Glieder, bald stehen mehrere Ausdrücke für ein Glied des Systems, bald werden systemfremde Glieder eingeschoben. Diese Inkonsequenz und die äußerste Verkürzung im einzelnen sprachlichen Ausdruck machen das Gedicht an einigen Stellen fast unverständlich, lassen andererseits die Inhaltsfülle in der Aufhäufung und Ballung halbrohen Sprachmaterials lebendiger werden.

Der Sinn des Sündenkatalogs ist in den Beichtspiegeln die möglichst umfassende Gewissenserforschung. Sie steht vor der Beichte des einzelnen; das Ich, das da spricht, ist »vorindividuell«. So ist es zunächst auch in Oswalds Lied. Erst in Strophe V tritt das individuelle Ich des Wolkensteiners kurz hervor. Oswald spricht hier als Sünder, der sich der restlosen Sündhaftigkeit bezichtigt, zugleich aber als Lehrer, der die zuhörende Hofgesellschaft zur Beichte und Buße ermahnen will, ein wenig wohl auch als der unverbesserliche Wolkensteiner, der sich sogar noch mit einer Musterbeichte in Szene setzt. Jedenfalls wird durch dieses kurze Ausbrechen aus dem Typ der Gebrauchsliteratur die Situation des Liedvortrags ins Gedicht einbezogen und so der Sündenkatalog aktualisiert. Dem gleichen Zweck dient die zeitgeschichtliche Anspielung: Die böhmischen Gänse bedeuten die Hussiten nach der damals verbreiteten Etymologie Hus = Gans.

26 *Gesegent sei die frucht*

Schatz 51, Klein 14, Koller 29 a. Einstimmig. Dieses *benedicite* schließt sich vielleicht nicht unmittelbar an den lateinischen Tischsegen klösterlicher Gemeinschaften an, sondern ist womöglich angeregt durch ein anderes deutsches *benedicite,* das sehr weit verbreitet war und wahrscheinlich von einem der beiden Dichter stammt, deren Werk unter dem Namen Mönch von Salzburg überliefert ist.

27 *Es leucht durch graw die vein lasur*

Schatz 54, Klein 34, Koller 22. Einstimmig, nach der Melodie *Ain tunkle varb in occident* (s. d.). Zu der Wendung *plick durch die praw* vgl. die Anmerkung zu *Wach auff, mein hort.* – Der Preis Mariens mit Motiven der Liebesdichtung ist im Mittelalter nicht ganz ungewöhnlich, freilich häufiger dogmatisch (Gott als Liebhaber Mariens), seltener wie hier persönlich gewendet. Am ehesten ist vielleicht der *guldin rei* des Harder zu vergleichen, den Oswald möglicherweise gekannt hat (vgl. die

Anmerkung zu *Zergangen ist meins herzen we)*. Gegenüber dem mehr gedanklichen, rhetorisch-schweren Stil beim Harder herrscht bei Oswald sinnenfreudige und spielerische Leichtigkeit.

28 *Der oben swebt und niden hebt*
Schatz 90, Klein 31, Koller 10. Einstimmig.

LITERATURHINWEISE

Das Folgende ist eine Auswahl aus dem wissenschaftlichen Schrifttum über Oswald von Wolkenstein seit 1955, ergänzt durch einige Standardwerke aus früherer Zeit. Einzelne weitere Literaturhinweise finden sich in den Anmerkungen.

Ausgaben
Oswald von Wolkenstein, Geistliche und weltliche Lieder. Bearb. von Josef Schatz (Text), Oswald Koller (Musik). Wien 1902. (Denkmäler der Tonkunst in Österreich. 18.) Unveränd. Nachdr. Graz 1959.
Die Gedichte Oswalds von Wolkenstein. Hrsg. von Josef Schatz. 2., verb. Ausg. Göttingen 1904.
Die Lieder Oswalds von Wolkenstein. Unter Mitw. von Walter Weiß und Notburga Wolf hrsg. von Karl Kurt Klein. Musikanhang von Walter Salmen. Tübingen 1962. 3., neubearb. und erw. Aufl. Hrsg. von Hans Moser, Norbert Richard Wolf und Notburga Wolf. Ebd. 1987. (Altdeutsche Textbibliothek. 55.)
Die mehrstimmigen Lieder Oswalds von Wolkenstein. Hrsg. von Ivana Pelnar. 2 Bde. München 1981–82.

Darstellungen und Untersuchungen
Baasch, Karen / Nürnberger, Helmuth: Oswald von Wolkenstein, mit Selbstzeugnissen und Bilddokumenten. Reinbek bei Hamburg 1986.
Gesammelte Vorträge der 600-Jahr-Feier Oswalds von Wolkenstein. Seis am Schlern 1977. Hrsg. von Hans-Dieter Mück und Ulrich Müller. Göppingen 1978.
Göllner, Theodor: Landinis »Questa fanciulla« bei Oswald von Wolkenstein. In: Die Musikforschung 17 (1964) S. 393–398.
Klein, Karl Kurt: Der »Minnesänger« Oswald von Wolkenstein in der Politik seiner Zeit. In: Jahrbuch des Südtiroler Kulturinstitutes 1 (1961) S. 215–243.
– Oswald von Wolkenstein, ein Dichter, Komponist und Sänger des Spätmittelalters. In: Wirkendes Wort 13 (1963) S. 1–12.
Kühn, Dieter: Ich Wolkenstein. Eine Biographie. Frankfurt a. M. 1977.
Marold, Werner: Kommentar zu den Liedern Oswalds von Wolkenstein. Diss. Göttingen 1927. [Teildruck. Den ungedruckten Teil dieser Arbeit durfte ich im Institut für deutsche Sprache und

Literatur der Deutschen Akademie der Wissenschaften in Berlin benützen.]
Mayr, Norbert: Die Reiselieder und Reisen Oswalds von Wolkenstein. Innsbruck 1961.
Neumann, Friedrich: Oswald von Wolkenstein. In: Die deutsche Literatur des Mittelalters. Verfasserlexikon. Hrsg. von Karl Langosch. Bd. 5. Berlin 1955. Sp. 817–830.
Oswald von Wolkenstein. Beiträge der philologisch-musikwissenschaftlichen Tagung in Neustift bei Brixen 1973. Hrsg. von Egon Kühebacher. Innsbruck 1974. [Darin S. 410–455 eine Bibliographie zu Oswald von Wolkenstein 1801–1974.]
Oswald von Wolkenstein. Hrsg. von Ulrich Müller. Darmstadt 1980. (Wege der Forschung. 526.)
Petzsch, Christoph: Text- und Melodietypenveränderung bei Oswald von Wolkenstein. In: Deutsche Vierteljahrsschrift für Literaturwissenschaft und Geistesgeschichte 38 (1964) S. 491–512.
Röll, Walter: Oswald von Wolkenstein. Darmstadt 1981.
Salmen, Walter: Werdegang und Lebensfülle des Oswald von Wolkenstein. In: Musica Disciplina 7 (1953) S. 147–173.
Schatz, Josef: Sprache und Wortschatz der Gedichte Oswalds von Wolkenstein. Wien/Leipzig 1930.
Schwob, Anton: Oswald von Wolkenstein. Eine Biographie. Bozen 1974. ³1979.
– Oswald von Wolkenstein. In: Deutsche Dichter. Leben und Werk deutschsprachiger Autoren. Hrsg. von Gunter E. Grimm und Frank Rainer Max. Bd. 1: Mittelalter. Stuttgart 1989. S. 382–396.
Senn, Walter: Wo starb Oswald von Wolkenstein? In: Der Schlern 34 (1960) S. 336–343.
Wachinger, Burghart: Oswald von Wolkenstein. In: Die deutsche Literatur des Mittelalters. Verfasserlexikon. 2. Aufl. Hrsg. von Kurt Ruh [u. a.]. Bd. 7. Lfg. 1. Berlin / New York 1987. Sp. 134–169.
Wendler, Josef: Studien zur Melodiebildung bei Oswald von Wolkenstein. (Diss. Bonn 1961.) Tutzing 1963.
Wolkenstein-Rodenegg, Arthur Graf von: Oswald von Wolkenstein. Innsbruck 1930.
Jahrbuch der Oswald von Wolkenstein-Gesellschaft. Jg. 1 ff. 1980/1981 ff.

Schallplatten
Oswald von Wolkenstein, 11 Lieder, Deutscche Grammophon Gesellschaft, Archiv-Produktion 13 042.

Oswald von Wolkenstein, 5 Lieder, Deutscche Grammophon Gesellschaft, Archiv-Produktion 37124. [Auszug aus der großen Platte.]

Studio der frühen Musik, Frühe deutsche Musik, Telefunken, Das alte Werk AWT 8038 und SAWT 8038 [darauf zwei Lieder Oswalds].

OSWALDS LEBEN

Über das Leben Oswalds von Wolkenstein wissen wir ziemlich viel, so viel wie von keinem anderen deutschen Dichter des Mittelalters. Aus zahlreichen Urkunden und aus seinen eigenen Liedern erfahren wir eine Fülle von Daten und Erlebnissen. Aber sowohl in den Urkunden wie in den Liedern ist sein Leben fast nur punktuell und in jeweils sehr einseitiger Spiegelung sichtbar. Die Hintergründe und die Zusammenhänge der Ereignisse sind oft nur schwer zu erkennen. Man ist darum immer wieder versucht, das Dunkel durch etwas Phantasie aufzuhellen. Oswalds buntes Leben läßt sich auch gewiß ohne Phantasie nicht begreifen. Hier aber soll versucht werden, nur das zu erzählen, was einigermaßen gesichert ist, und so der Phantasie einen Rahmen anzubieten, der dem gegenwärtigen Stand unseres Wissens entspricht.

Zwischen 1376 und 1378 wurde Oswald geboren als Sproß desjenigen Zweiges der Tiroler Adelsfamilie Vilanders, der sich seit dem Ende des 14. Jahrhunderts nach einem seiner Sitze, der Burg Wolkenstein im Grödnertal, zu nennen pflegte. Wahrscheinlich durch einen Unfall in früher Jugend verlor er sein rechtes Auge. Als Zehnjähriger verließ er das Elternhaus und zog jahrelang in vielen Ländern, besonders in Ost- und Südosteuropa umher. Wir wissen über diese Jahre fast nur, was er im Jahre 1416 rückblickend in einem Liede erzählt (Nr. 14). Zunächst war er wohl Knappe im Gefolge eines fahrenden Ritters, leistete ihm alle möglichen Dienste und wurde dafür im Ritterhandwerk unterwiesen, sicher auch in höfischen Fertigkeiten wie Singen und Musizieren. 1399 oder 1400 starb Oswalds Vater, und um diese Zeit kam Oswald wieder nach Tirol. Von da an geben Urkunden, anfangs noch spärlich, ab 1406 allmählich in dichterer Folge, dem Biographen einige feste Punkte. Reisen hat er auch nach 1400 noch viele unternommen; so folgte er König Ruprecht auf dem unglücklichen Italienfeldzug von 1401/2. Aber dazwischen läßt er sich immer wieder in Tirol nachweisen.

Das väterliche Erbe wurde zunächst vom ältesten Bruder Michael für die beiden wesentlich jüngeren Brüder Oswald und Leonhard mitverwaltet. Um Geld und Besitz gab es da wohl manchen Streit zwischen den Brüdern; wir wissen von einem Fall, in dem Oswald und Leonhard versuchten, durch Hinterlist sich die Juwelen von Michaels Frau anzueignen.

Im Jahre 1407 wurde endlich das elterliche Erbe zwischen den Brüdern geteilt. Außer einer beträchtlichen Reihe von Höfen und Gütern erhielt Oswald die ererbten Anrechte auf die Burg Hauenstein und die dazugehörigen Besitzungen. Hauenstein bei Seis am Schlern war Lehen des Bischofs von Brixen. In Schlichtung eines alten Streites hatte der Bischof im Jahre 1397 verfügt, daß zwei Drittel von Hauenstein dem edlen Martin Jäger, ein Drittel Oswalds Vater Friedrich von Wolkenstein zukomme, eine Entscheidung, an die sich die Wolkensteiner nie wirklich gehalten haben.

Die Tochter dieses Martin Jäger sollte in Oswalds Leben eine bedeutende Rolle spielen. Wie sie mit Vornamen hieß, wissen wir nicht sicher. Oswald nennt sie nur einmal in einem späten Liede *Hausmannin* nach ihrem Ehemann, dem Brixener Bürger Hans Hausmann; sonst nennt er sie in den Liedern nur *mein lieb* oder *mein puel*, denn als »Geliebte« betrachtete er sie, sogar noch, als er selbst schon verheiratet war. Wir wissen nicht, wann er sie kennenlernte und ob sie damals schon verheiratet war. Wir wissen auch nicht, ob er vor ihrer Ehe oder nach dem Tode Hausmanns 1409 je ernsthaft eine Ehe mit ihr angestrebt hat, eine Ehe, die Hauenstein ganz in seinen Besitz gebracht hätte. Zuzeiten mag das Verhältnis nur jener fast zum spielerischen Ritterbrauchtum gewordene Minnedienst gewesen sein, der auch verheirateten Frauen gelten konnte. Zuzeiten war es sicher auch ein intimeres Verhältnis, wenigstens von Oswalds Seite voller Leidenschaft. Jedenfalls hat die Auseinandersetzung mit dieser Frau, die sein *lieb* war und die ihn später als Gegnerin im Erbschaftsstreit in den Hinterhalt lockte, Oswalds Leben viele Jahre lang wesentlich mitbestimmt und ist das Thema seiner persönlichsten Lieder geworden.

Seit der Erbschaftsteilung von 1407 war Oswald als Herr von einem Drittel Hauenstein Lehensträger des Bischofs von Brixen und zeitlebens war er immer wieder als *gotshausman* in den Geschäften und der Politik des Bistums Brixen tätig. Vielleicht hängt es mit dem Eintritt in diesen Bereich zusammen, daß er offenbar gerade in diesen Jahren eine repräsentative Frömmigkeit entwickelt hat, wie sie für seine Zeit typisch ist und für ihn zur Aufbesserung seines Rufes nützlich gewesen sein mag: 1407 ließ er im Dom zu Brixen eine Kapelle des heiligen Oswald ausbauen und mit einem Bild von seinem eigenen Schiffbruch auf dem Schwarzen Meer (vgl. Nr. 14, II) ausmalen – vielleicht in Erfüllung eines Gelübdes; für diese Kapelle stiftete er zwei Kaplanstellen. 1408 ließ er sich als Kreuzritter mit langem Pilgerbart auf einem Denkstein darstellen, der noch heute am Brixener Dom zu sehen ist. Wahrscheinlich 1409/10 unternahm er die Pilgerfahrt ins Heilige Land, von der er in seinen Liedern sagt, daß sein *lieb* ihn dazu veranlaßt habe (Nr. 12 u. 14, IV). 1411 pfründete er sich mit zwei Knechten im Chorherrenstift Neustift bei Brixen ein.

Mit dem Konzil von Konstanz, das im Herbst 1414 begann, trat Oswald in einen neuen, weiteren Lebenskreis ein. Die historisch bedeutsamsten Ereignisse dieser glänzenden Kirchenversammlung, die Verbrennung des Johannes Hus und die Beendigung des Schismas, waren für Oswald persönlich weniger folgenreich als die Tatsache, daß ihn am 16. Februar 1415 der römische König Sigmund, der zugleich König von Ungarn war, gegen ein Jahresgehalt von dreihundert ungarischen Gulden zu seinem *diener und hofgesinde* aufnahm. Im Dienste Sigmunds unternahm er zunächst eine Gesandtschaftsreise, die ihm hohe Auszeichnungen einbrachte und die er stets als einen Höhepunkt seines Lebens betrachtet hat. Die Reise führte ihn – wohl über England und Schottland – nach Portugal und diente vermutlich dem Versuch Sigmunds, die Anhänger von Papst Benedikt XIII. (Petrus von Luna) zum Mitwirken an seinen Unionsbestrebungen und zum Verzicht auf ihren Papst zu bewegen. Von Portugal aus beteiligte sich Oswald an der Eroberung der maurischen

Stadt Sebta (Ceuta) in Marokko. Nicht einmal einen Monat später war er schon wieder in Perpignan, wo er am 18. September 1415 den prächtigen Einzug König Sigmunds erlebte (Nr. 14, III). In dessen Gefolge blieb er nun in Frankreich bis ins Frühjahr 1416. Dann mußte er ihn verlassen, wohl wegen der Vorgänge in der Tiroler Landespolitik.

Schon seit Jahren hatte es Spannungen gegeben zwischen Herzog Friedrich IV. von Österreich-Tirol, bekannt als »Friedel mit der leeren Tasche«, und dem Tiroler Adelsbund, dem auch die Brüder Wolkenstein angehörten. Auf dem Konzil von Konstanz war Friedrich der Reichsacht verfallen, weil er den abgedankten Papst Johannes (XXIII.) begünstigt hatte. Er hatte sich zunächst unterworfen, war dann im März 1416 geflüchtet und hatte sich in Tirol festgesetzt. Nun plante der Adelsbund, gemeinsam mit König Sigmund die Reichsacht zu vollstrecken. Oswald, Anfang 1417 wieder in Konstanz beim König, später in Tirol, scheint dabei eine wichtige Verbindungsrolle gespielt zu haben. Aber der Adel mußte sich dann doch alleine schlagen, und trotz dem erfolgreichen Ausfall der Wolkensteiner aus der Burg Greifenstein (Nr. 17) behielt Herzog Friedrich die Oberhand. Am 10. Mai 1418 belehnte der König ihn wieder mit seinen Ländern; es wurde jedoch festgelegt, daß keinem wegen seiner Verbindung mit dem König etwas nachgetragen werden sollte und daß der Herzog den Herren von Schlandersberg und von Wolkenstein zurückgeben und aufbauen sollte, was er ihnen abgewonnen und verbrannt hatte.

Mitten in dieser ereignisreichen Zeit hatte Oswald 1417 Margarete von Schwangau geheiratet, die *stolze Swäbin* aus angesehener wohlhabender Adelsfamilie. Sie wurde seine *Gret* in ernsten und mutwilligen Liebesliedern (Nr. 15 u. 16), sie wurde die handfeste Mutter seiner sieben Kinder (Nr. 22).

Über Oswalds Leben in den Jahren nach dem ersten Ausgleich zwischen König und Herzog wissen wir wieder nur Einzelheiten, darunter eine Reise nach Ungarn zu König Sigmund im Jahre 1419. Ob sich Oswald Herzog Friedrich gegenüber loyal gezeigt hat, ob Friedrich sich ihm gegenüber an die Verträge mit König Sigmund gehalten hat, wissen wir nicht. Es kam jedenfalls zu erneuter Auseinandersetzung zwischen Oswald und Friedrich, allerdings unter solchen Umständen, daß Oswald sich von vornherein in einer rechtlich schwachen Position befand.

Oswald, zäh und rücksichtslos bestrebt, seinen Besitz zu mehren, hatte sich die Burg Hauenstein, die ihm nur zu einem Drittel zustand, ganz angeeignet, das heißt, er hatte die Zinsleute gezwungen, den Zins nicht Martin Jäger, sondern ihm abzuliefern. Auch andere fühlten sich von Oswald geschädigt. Mit wiederholten Klagen erreichten sie alle nichts. Da lud im Herbst 1421 die Hausmannin, Oswalds altes *lieb*, die Tochter Jägers, Oswald zu einem Treffen auf einer Wallfahrt ein. Sei es, daß Oswald sich eine günstige und gütliche Regelung des Streites erhoffte, sei es, daß er an einen amourösen Seitensprung dachte, er folgte gutgläubig der Aufforderung. Die Hausmannin war nicht allein: Oswald wurde von Männern der Jägerschen Partei überwältigt und als Gefangener nach Schloß Forst bei Meran geführt. Er wurde so gefoltert, daß er später lange an der Krücke gehen mußte (Nr. 18–21). Dennoch gab er seinen Anspruch auf Hauenstein nicht auf und erkannte die Forderung der Jägerschen auf viertausend Gulden Schadenersatz, eine für ihn unerhört hohe Summe, nicht an.

Am 17. Dezember 1421 wurde Oswald in die Gefangenschaft Herzog Friedrichs nach Innsbruck überführt. Ob die Hausmannin wirklich die Geliebte des Herzogs geworden war, wie Oswald in Liedern andeutet, ob der Herzog von Anfang an hinter dem Anschlag gesteckt hatte, wie die Freunde und Bundesgenossen Oswalds meinten, oder ob der Herzog wenigstens die Gelegenheit ausnützte, einen bedeutenden Vertreter der Adelspartei in seine Gewalt zu bekommen, das läßt sich heute nicht mehr ausmachen. Für Oswald war das Eingreifen des Herzogs letzten Endes nicht ungünstig. Der Streit zog sich nun in die Länge: am 18. März 1422 ließ der Herzog gegen eine Bürgschaft von sechstausend Dukaten Oswald für fünf Monate frei, damit er sich mit den

Jägerschen einige. Oswalds Freunde brachten die Bürgschaft auf, verschafften sich aber ihrerseits Sicherheiten an Oswalds Gütern (was später noch zu jahrelangen Auseinandersetzungen führte). Die Frist verstrich, ohne daß eine Einigung zustande gekommen wäre. Oswald kehrte in die Gefangenschaft zurück. Der Herzog behielt dennoch den Bürgschaftsbrief und beharrte, als wäre es ein Schuldbrief, auf der Forderung von sechstausend Dukaten. Daraufhin sagten sich die Freunde Oswalds vom Herzog los und nahmen Parteigänger des Herzogs gefangen. König Sigmund – allerdings wohl nur einseitig informiert – setzte sich für Oswald ein und drohte mit Erneuerung der Reichsacht. Der Konflikt zwischen Adelspartei und Herzog spitzte sich auch aus anderen Gründen zu, es kam zu Kämpfen, aber es siegte das politische Geschick Herzog Friedrichs: Im Herbst 1423 wurde der Adelsbund aufgelöst und der Herzog versöhnte sich mit den meisten Mitgliedern. Oswald wurde im Dezember 1423 aus der Haft entlassen, ohne daß er die Forderung der Jägerschen anerkannt hätte. Der Bürgschaftsbrief freilich blieb beim Herzog, und das bedeutete für Oswald einen ständigen Druck.

Im Herbst 1424 reiste Oswald zu König Sigmund nach Preßburg, fand aber nicht die erhoffte Hilfe. Der König muß inzwischen die Rechtslage erkannt haben, außerdem war um diese Zeit seine Politik auf Aussöhnung mit Herzog Friedrich und auf Konzentration aller Kräfte auf den Kampf gegen Türken und Hussiten gerichtet. Im Februar 1425 setzte Sigmund für den 15. April einen Rechtstag in Wien fest, an dem Oswald seine Sache vor Herzog Albrecht von Österreich vertreten könne. Oswald erschien nicht. Inzwischen hatten sich Herzog Friedrich und König Sigmund endgültig geeinigt, Friedrich hatte nun freie Hand gegenüber den rebellischen Adligen und im Lauf der nächsten Jahre brach er die letzten Widerstände. Oswald suchte Hilfe bei anderen Fürsten, vor allem bei Pfalzgraf Ludwig III., den er in diesen Jahren in Heidelberg besucht hat. Aber seine Lage blieb unerfreulich (Nr. 22). In dieser Zeit hat er die erste große Sammlung seiner Lieder schreiben lassen.

Am 22. Februar 1427 forderte Herzog Friedrich Oswald auf, am 16. März zu einem Landtag nach Bozen zu kommen. Oswald verließ stattdessen heimlich das Land. Er wurde aufgegriffen und als Gefangener des Herzogs zuerst zur Burg Vellenberg bei Axams, dann nach Innsbruck geführt. Er fürchtete Schlimmes, aber seine Freunde traten für ihn ein, und Herzog Friedrich, der sah, daß »nicht viele Leute von solchem Holz geboren werden«, war zu einem Kompromiß bereit, der Oswald für immer auf seine Seite brachte. Am 1. Mai 1427 wurden fünf Urkunden ausgefertigt, die den alten Streit beilegten: Martin Jäger und der Sohn der inzwischen verstorbenen Hausmannin wurden mit fünfhundert Dukaten abgefunden; Hauenstein blieb im Besitz Oswalds; die Forderung des Herzogs auf sechstausend Dukaten blieb bestehen, aber Friedrich forderte sie nicht ein (erst in der nächsten Generation wurde diese Forderung in einem Kompromiß bereinigt); Oswald schwor Urfehde, versprach, an einem Feldzug gegen die Hussiten teilzunehmen, und verpflichtete sich, ohne Wissen und Willen des Herzogs keine Bündnisse zu schließen, nicht in die Dienste einer auswärtigen Macht zu treten und alle Rechtsstreitigkeiten mit dem Herzog oder mit sonst jemand vor den zuständigen Stellen im Lande auszutragen.

So sehr dieser Vertrag einen Abschluß bedeutete, geruhsam wurde das Leben Oswalds auch danach nicht. Zunächst entspann sich ein Rechtsstreit mit einem Verwandten, Hans von Vilanders, wegen der Bürgschaft von 1422, ein Streit, der zwischen den Familien Vilanders und Wolkenstein Jahrzehnte weiterlebte. Oswald wandte sich in dieser Angelegenheit auch an das heimliche Gericht beim Freistuhl zu Arnsberg und Volmerstein, das heißt an das Femegericht. In einer Urkunde bezeichnete er sich sogar selbst als »Freischöffen«. Diese Würde, die dem Träger in Rechtsfällen gewisse Vorteile gewährte, konnte nur in Westfalen erworben werden; wahrscheinlich 1428 ist Oswald dorthin gereist, um sich in die Geheimnisse des Femerechts einführen zu lassen.

Ins Jahr 1429 fiel ein Streit zwischen dem Domkapitel von Brixen und dem neuen Bischof Ulrich Putsch. Oswald stand auf der Seite des Domkapitels. Es ist nicht ausgeschlossen, daß dabei eine persönliche Feindschaft gegen Ulrich Putsch im Spiele war, die noch aus der Zeit von Oswalds erster Gefangenschaft stammte. Oswald half mit, den Bischof zu verhaften, und versetzte ihm, wie der Bischof in seinem Tagebuch hervorhebt, bei dieser Gelegenheit einen kräftigen Stoß mit der Faust. Doch als Herzog Friedrich und später auch König Sigmund sich für den Bischof einsetzten, fügte sich Oswald. Später scheint sich das Verhältnis zwischen ihm und dem Bischof erheblich gebessert zu haben.

In den folgenden Jahren läßt sich Oswald wieder mehrfach im Dienst König Sigmunds nachweisen. Am Reichstag von Nürnberg 1431 haben sowohl er wie sein Bruder Michael teilgenommen. In einer dort ausgestellten Urkunde wird Oswald erstmals als Mitglied des Drachenordens bezeichnet. Das Ziel dieses Ordens, den König Sigmund gestiftet hatte, war der Schutz der Witwen und Waisen und der Kampf gegen die Feinde des Christentums, das hieß damals gegen die Türken und Hussiten. Oswald gehörte der höchsten Klasse an, die auf jeweils vierundzwanzig Mitglieder beschränkt war. Vielleicht hat Oswald in demselben Jahr auch sein 1427 gegebenes Versprechen eingelöst und an dem Hussiten-Feldzug teilgenommen, der in der Schlacht bei Taus am 14. August 1431 ein unrühmliches Ende fand. Im Frühjahr 1432 befand er sich bei König Sigmund in Piacenza und Parma und erlebte dort im Kreise der Kanzleibeamten die mißliche Lage des Königs während der langwierigen Verhandlungen mit dem Papst, dem Herzog von Mailand, den deutschen Fürsten und dem Konzil zu Basel (Nr. 24). Ende Mai reiste er nach Basel als Begleiter von Sigmunds Gesandten Dr. Nikolaus Stock, der dem Konzil über die Verhandlungen zwischen König und Papst berichten sollte.

Wahrscheinlich während des Italien-Aufenthalts von 1432 ließ sich Oswald von einem italienischen Meister porträtieren. Das Bild eröffnet die zweite große Handschrift, in der er seine Lieder hat sammeln lassen. Diese Handschrift wurde in ihrem Grundbestand am 30. August 1432 abgeschlossen.

In den nächsten Jahren scheint Oswald Tirol kaum mehr verlassen zu haben. Als Herr von Hauenstein und Gotteshausmann von Brixen, als Pfleger des Grafen von Görz auf Burg Neuhaus, als vom Kaiser bestellter Beschützer des Klosters Neustift und als Lehensträger des Anteils seiner Frau an den Schwangauer Reichslehen hatte er eine angesehene Stellung und ein reiches Betätigungsfeld. Verträge schließend, für seinen Besitz streitend, die Streitigkeiten anderer schlichtend – so ist er uns in vielen Urkunden bezeugt.

In die Politik wurde er erst gegen Ende seines Lebens noch einmal verwickelt: 1437 war Kaiser Sigmund gestorben, sein Nachfolger Albrecht starb schon 1439. Im gleichen Jahr 1439 starb auch Oswalds Landesherr Friedrich. Außer seinem minderjährigen Sohn Sigmund hinterließ der »Friedrich mit der leeren Tasche« einen beträchtlichen Schatz von Gold, Silber und Juwelen. Eine Kommission von fünf angesehenen Männern der Grafschaft Tirol, unter ihnen Oswald von Wolkenstein, hatte den Schatz zu inventarisieren und unter gemeinsamem Verschluß für das Kind Sigmund zu bewahren. Oswald erhielt zwei Schlüssel. Der junge Sigmund aber, der noch nicht zwölf Jahre alt war, wurde unter die Vormundschaft von Friedrichs Neffen Friedrich V. von Österreich gestellt, der bald darauf als Nachfolger Albrechts deutscher König wurde. Entgegen einer Abmachung nahm Friedrich sein Mündel mit sich in die Steiermark und ließ es während der ganzen Dauer der Vormundschaft nicht nach Tirol zurück. Von 1442 an aber stand der junge Herzog Sigmund mit einzelnen Getreuen in Tirol in heimlicher Verbindung, so auch mit den Wolkensteinern. Als König Friedrich 1443 die Vormundschaft nicht zum verabredeten Zeitpunkt aufhob, sondern seinem Mündel die Zustimmung zu weiteren sechs Jahren abdrängte, fürchtete man in Tirol, die Eigenständigkeit zu verlieren. Ein Landtag der überwiegenden Partei Sigmunds zu Meran forderte die Herausgabe des jungen Herzogs und beschloß Kriegsvorbereitungen. Der Konflikt erstreckte sich über Jahre. Oswald, ein Vorkämpfer der Herzogpartei, hat das Ende nicht mehr erlebt.

Am 2. August 1445 ist er in Meran gestorben. Am gleichen Tag gab seine Frau Margarete dem Rat der Tiroler Landschaft die zwei Schlüssel zurück, die Oswald als Verwahrer des herzoglichen Schatzes und Mitglied des Rates besessen hatte. Im Kloster Neustift wurde Oswald begraben.

ZU OSWALDS DICHTUNG

Die literarhistorische und musikhistorische Erforschung der Lieder Oswalds steht noch immer in den Anfängen. Man hat eingesehen, daß mit Schlagwörtern wie »der letzte Minnesänger«, »Renaissancelyriker«, »Erlebnisdichter« oder gar »der Hemingway seiner Zeit« bestenfalls einzelne Züge dieser komplexen Erscheinung bezeichnet sind. Aber die wichtigsten Voraussetzungen für eine historisch begründete Gesamtdeutung fehlen noch: Oswalds Verhältnis zu den verschiedenen deutschen und außerdeutschen Dichtungstraditionen ist erst zu einem kleinen Teil bekannt, ja die deutsche Dichtung der Zeit, von der er sich abhebt, überhaupt noch nicht genügend erforscht. Dazu kommt, daß die Chronologie seiner Lieder noch immer zu einem großen Teil ungesichert ist. Angesichts dieser Forschungssituation kann hier nur weniges über den Dichter und Musiker Oswald, über seine künstlerische Entwicklung und über sein Verhältnis zur Tradition berichtet oder als Vermutung angedeutet werden.

Oswald hat zweihundert Jahre später als Walther von der Vogelweide gelebt und gedichtet. Die reiche und kräftige Tradition deutschsprachiger Lyrik, die diese beiden Dichter, die beiden umfassendsten und persönlichsten deutschen Lyriker des Mittelalters, verbindet, ist in diesen zweihundert Jahren nicht abgerissen; aber sie hat, entfaltet und aufgelöst in Einzeltraditionen, so viele Wandlungen durchgemacht, daß ein Vergleich zwischen Walther und Oswald kaum mehr aufzeigen kann als den gewaltigen Abstand, der sie trennt: Walther, unmittelbar herauswachsend aus der raschen Entwicklung der noch jungen deutschen Lyrik, den Minnesang aus der Gefahr verstiegener Enge in lebendigere Weite führend, ein erstes Brüchigwerden der geschlossenen höfisch-hochmittelalterlichen Welt-, Minne- und Kunstauffassung zugleich fördernd und beklagend – Oswald, Kind des vielgesichtigen Spätmittelalters, dichtend in einer Zeit, in der vielfältige Literaturtraditionen bunt durcheinander lebten, aber nur wenige Einzelwerke sich über die allgemeine Mittelmäßigkeit erhoben, in einer Zeit, in der die alten Bindungen, Schemata, Formeln schon frei verfügbar und beliebig umkehrbar schienen und doch noch immer die einzige Möglichkeit der Orientierung darstellten. Die tiefgehenden Unterschiede der literatur- und geistesgeschichtlichen Situation ließen sich an vielen Einzelheiten anschaulich machen. Aber um Oswald genauer zu verstehen und, soweit möglich, seine eigene Leistung zu erkennen, vergleicht man seine Lieder besser mit Dichtungen, die ihm zeitlich und stilistisch näher stehen als die Walthers, vor allem mit solchen, die er wahrscheinlich gekannt hat.

Immer wieder ist in Oswalds Dichtung der Einfluß des sogenannten Mönchs von Salzburg zu spüren. Unter diesem Namen sind uns etwa hundert geistliche und weltliche Lieder überliefert. Wahrscheinlich handelt es sich um das Werk zweier verschiedener Dichter aus dem Kreis um Erzbischof Pilgrim II. von Salzburg (1365–96). Der eine der beiden, von dem allein hier die Rede sein soll, ist der lebendigste und vielseitigste Lyriker seiner Generation. In der Geschichte des deutschen Liedes nimmt er eine eigenartige vermittelnde Sonderstellung ein: zwischen dem späten Minnesang, besonders den Schweizer Minnesängern vom Ende des 13. und Anfang des 14. Jahrhunderts, und der meist anonymen, literarisch weniger anspruchsvollen bürgerlichen Liedkultur des 15. Jahrhunderts. Wie der Mönch von Salzburg dichtet Oswald Liebeslieder in Ichform und in szenischer und dialogischer Form, dazu geistliche Lieder, vornehmlich zum Preise Mariens. Auch noch nach 1415, als Oswald andere Themen und andere Liedtypen hinzugewinnt, pflegt er diese Typen weiter.

Wörtliche Anklänge an ungewöhnliche Formulierungen des Mönchs beweisen, daß Oswald tatsächlich einige bestimmte Lieder des Salzburger Dichters gekannt hat. Andere Übereinstimmungen könnten auch auf allgemeines Gut eines ganzen Dichtungskreises zurückgehen, der uns im Werk des Mönchs nur am deutlichsten greifbar ist.

Das Traditionsgut der älteren deutschen Liebes- und Minnelyrik hat Oswald freilich nicht ausschließlich auf dem Umweg über den Mönch von Salzburg und die ihm nahestehende Dichtung kennengelernt. Er muß ältere Lieddichtung auch direkt gekannt haben. Besonders der langlebigen und vielgestaltigen Tradition der Nachahmer Neidharts von Reuental (Anfang des 13. Jahrhunderts), die die bäuerlich-dörfliche Welt in derber, oft grotesk verzerrender Weise als ein Gegenbild zur Idealwelt höfischen Maßes zeichneten, steht Oswald mit seinen Trink- und Streitszenen, aber auch mit seinen Tanzliedern nahe, näher als der zurückhaltendere Hofdichter von Salzburg.

Einen Teil seiner literarischen Kenntnisse hat Oswald wahrscheinlich aus einer bestimmten Handschrift geschöpft, der sogenannten Sterzinger Miscellaneenhandschrift, geschrieben Ende des 14. Jahrhunderts. Sie ist eine Sammlung der verschiedensten deutschen und lateinischen Dichtungen und enthält unter anderem einige Lieder des Mönchs – nicht alle, die Oswald nachweislich gekannt hat – und eine Reihe von Pseudo-Neidhartliedern.

Vom Mönch und der dem Mönch nahestehenden Dichtung und zum Teil auch aus älterer deutscher Lyrik übernimmt der Wolkensteiner Liedtypen, Motive und literarische Sprachformeln. Die Liedtypen kehrt er vielfach um oder vermischt sie, in Fortsetzung und Steigerung einer allgemein spätmittelalterlichen Tendenz. Als Beispiel diene das Tagelied, jene wohl beständigste lyrische Gattung des Mittelalters. Im Tagelied stoßen Nacht und Tag, Vereinigung und Abschied in einem gedrängten Augenblick zusammen, der in einigen festen Motiven als lyrisch-epische Szene entfaltet wird: Weck- und Warnruf des Wächters, Schilderung des Tagesanbruchs, Klagen und Liebkosungen der Liebenden beim Abschied nach heimlicher Liebesnacht. Für das spätere Mittelalter hatte freilich vielfach nur das Stoffliche des Tagelieds, die Motivreihe, seinen Reiz behalten. Von Oswald gibt es nur wenige Tagelieder, die sich im ganzen an den geprägten Typus halten. In ihnen versucht er wie andere vor ihm durch Motivausweitung Neues zu bringen, etwa durch Aufzählung aller Länder, durch die der Morgenwind gekommen ist. Trotzdem gehören solche strengen Tagelieder zu Oswalds steifsten Gedichten. Aber zu seinen lebendigsten Liedern gehören das vom Musikalischen her ganz neu konzipierte Tagelied *Los, frau,* die Tageliedparodie *Stand auff,* die Tageliedumkehrung *Ain tunkle varb,* die Lieder, in denen Motive des Tagelieds mit Frühlings- und Tanzliedmotiven verbunden sind, wie *Des himels trone* und *Frölich, zärtlich,* und das Liebeslied an Maria, das wie ein Tagelied beginnt *Es leucht durch graw die vein lasur.*

Von den Motiven der Minne- und Liebesdichtung übernimmt Oswald nur einen Teil. Es fehlen bei ihm weithin die Beteuerungen ewiger Treue (etwas häufiger kommen sie erst später in den Gedichten an seine Frau vor); es fehlt das im Minnesang so beherrschende Element der Minnereflexion und Minnelehre, das beim Mönch noch gelegentlich hervortritt; es fehlt damit jene traditionelle, aber schematisch und spannungslos gewordene Vergeistigung und Ethisierung der Liebe. Man vermißt auch fast völlig das beim Mönch zentrale Motiv der *klaffer* und *melder,* jener schattenhaften Repräsentanten der Gesellschaft, die das Liebesverhältnis verraten und verhindern wollen. Die alte Spannung zwischen Minne und Gesellschaft, die der Liebesdichter am geistlichen Hof noch einmal unter neuen Voraussetzungen zu gestalten versuchte, ist dem ritterlichen Einzelgänger fremd. Die Gesellschaft ist ihm vorwiegend Publikum.

Die Formelsprache des Mönchs und der ihm nahestehenden Dichtung hat Oswald variiert und ganz erheblich erweitert. Durch Reihung und Häufung von Wortmaterial, durch Aufnahme von Sprachgut aus anderen literarischen Traditionen, aus dem Dialekt und aus Fachsprachen und durch manche eigenwillige Neubildungen ist der Ausdruck reicher und bunter geworden, oft konkreter, sinnlicher, gesteigert manchmal ins Derbe, manchmal ins Ironische, manchmal ins Verspielte bis an die Grenze manirierter Künstlichkeit.

Ja, auch Künstlichkeit ist eine Seite von Oswalds Werk, an dem man allzuoft nur das Lebendige, Erlebte gesehen hat. Es ist die spätgotische Künstlichkeit seiner Zeit, mehr zierlich als monumental. Er beschreibt eine Frau wie ein kostbares Bildwerk und gebraucht dabei, um dem herkömmlichen literarischen Schönheitsideal neue Reize abzugewinnen, möglichst preziöse Fremdwörter (Nr. 1). Er liebt kunstvolle Reimhäufungen und kann sich kaum genugtun an Kornreimen (Reimbindungen zwischen den Strophen, vgl. besonders Nr. 2). Aber selbst da, wo die Künstlichkeit vorherrscht, spürt man hinter ihr noch die sensible Lebendigkeit des Musikers. Und hinter einigen rein artistischen Experimenten wie den Liedern, die aus Brocken vieler verschiedener Sprachen zusammengesetzt sind, stehen Spielfreude und Stolz des weitgereisten Adligen. Allem gelehrten Schmuck aber, aller reichen Symbolik, allem hochliterarischen Zierat (z. B. Akrosticha), wie er sie etwa aus den geistlichen Gesängen des Mönchs von Salzburg hätte lernen können, bleibt Oswald fern.

Wie beim Mönch von Salzburg geht bei Oswald von Wolkenstein einstimmige und mehrstimmige Liedkunst nebeneinander her. Die an volkstümliche Praktiken (übersingen) angelehnte Mehrstimmigkeit des Mönchs bildet Oswald weiter. Spätestens während des Frankreichaufenthalts von 1415 bis 1416 hat Oswald dann die hochentwickelte französische Mehrstimmigkeit kennengelernt. Wann er mit mehrstimmiger Musik aus Italien in Berührung gekommen ist, bleibt fraglich. Einige französische und italienische Sätze (u. a. von Jean Vaillant und Francesco Landini) hat Oswald ziemlich genau übernommen und mit selbstgedichtetem Text unterlegt. Seine eigenen Kompositionen zeigen ihn als begabten Dilettanten: aus den verschiedensten Bereichen holt er sich Anregungen, um eine zum Teil sehr lebendige und klanglich reizvolle Musik zu machen. Der größte Teil von Oswalds mehrstimmigen Sätzen dürfte in dem Jahrzehnt von 1410 bis 1420 entstanden sein. Mit dem Seßhaftwerden und mit der Krisenzeit ab 1421 tritt die heimische Einstimmigkeit stark in den Vordergrund. Auch in seinen einstimmigen Kompositionen knüpft Oswald an verschiedene Traditionen an. Vielfach baut er seine Weisen aus melodischen Kurzformeln nach sehr alten melodischen Grundtypen. Die Kunst liegt vor allem in der Art, wie Sinnführung, Satzgliederung, Strophenbau und Fluß der Melodie aufeinander bezogen sind.

Etwa in das Jahr 1415, das Jahr, das er im Dienst des Königs in den Zentren des politischen und gesellschaftlichen Lebens verbrachte, fällt der wichtigste Einschnitt in Oswalds dichterischer Entwicklung, soweit wir sie erkennen können: keine radikale Wendung, sondern eine rasche Entfaltung. Es ist bestimmt kein Zufall, daß wir erst von diesem Jahr an eine größere Zahl von Liedern datieren können. Die erlebte Welt und das konkrete eigene Leben spielen von da an eine neue bevorzugte Rolle in Oswalds Dichtung. Was vor dieser Zeit an eigenem Erleben in seine Liebesdichtung geflossen ist, können wir höchstens vermuten. Und die wenigen Anspielungen auf seine Palästina-Reise, die nicht aus später Rückschau stammen, bleiben so dunkel und allgemein, daß sie kaum als Anspielungen zu erkennen sind. Gewiß, auch nach 1415 erhebt sich Oswald nicht einfach über das Typische und Traditionelle. Topos und Erlebnis treten vielmehr in ein mannigfach abgestuftes, manchmal bewußt genütztes Spannungsverhältnis. Oft tritt das neue, die erlebte Wirklichkeit nur als Versatzstück in alte Zusammenhänge. Oft aber sucht sich das Erleben nun andere, entlegenere Traditionen und verwandelt sie, um sich ausdrücken zu können.

Die Lieder an die Braut und junge Gemahlin unterscheiden sich kaum von den anderen Liebesliedern Oswalds; ja einige von ihnen – keines der hier ausgewählten – gehören zu den konventionellsten, die er gedichtet hat. Daß er überhaupt die eigene Ehefrau besingt, was im 13. Jahrhundert undenkbar gewesen wäre, ist nicht mehr ganz neu: schon eine Generation vor ihm hatte der Vorarlberger Graf Hugo von Montfort in Liedern und Gedichten nacheinander seine drei Ehefrauen angesprochen. Hugo hatte auch schon einmal, einer damals aufkommenden Mode folgend, den Namen der Frau im Anfangsbuchstaben verschlüsselt: *mins hertzen A;*

so wie Oswald dann sagt: *höchstes G.* Den vollen Vornamen zu nennen, hatte er freilich erst nach dem Tod der Frau gewagt. Oswald geht noch den kleinen Schritt weiter und spricht deutlich von der *stolzen Swäbin* und redet sie an: *Sim Gredli, Gret, traut Gredelein, mein zarter puel, herzlieb gemait.* Bezeichnend aber ist, daß er die Namensnennung, dieses Bezugnehmen auf eine der zuhörenden Gesellschaft bekannte Realität, auch in leidenschaftlichen und ausgelassenen Liedern nicht scheut. Selbstironisch und nicht ohne Pikanterie setzt er sich und seine Frau in Szene (Nr. 15 u. 16.)

Deutlicher zeigt sich das Neue in den vielen neuen Liedtypen, die seit etwa 1415 neben die Liebeslieder treten: da steht ein knappes volkstümlich anmutendes Schlachtlied neben behaglich breiten Erlebnisberichten, da sind Preis- und Spottlieder auf Städte, da gibt es Pastourellenähnliches, Schwankhaftes und Idyllisches. Die Traditionen, auf denen Oswald in diesen Typen fußt, können wir oft nur schwer greifen. Er hat sich, wie man auch an seinem Verhältnis zum Mönch sehen kann, offenbar am meisten durch wenig typische Stücke anregen lassen. Auch scheint er sich gelegentlich an Gattungen anzulehnen, die vorwiegend mündlich lebten und in der deutschen Literatur sich nie oder erst nach Oswalds Zeit voll entwickelt haben. Wieweit er etwa französische oder italienische Liedtypen auch literarisch nachahmt, ist noch nicht untersucht. Jedenfalls aber spürt man förmlich die Freude, mit der Oswald alle möglichen Themen, Gattungen und Stile aufgreift, sie mit eigenem Erleben füllt und in seinen eigenen Stil umschmilzt. Und hinter all der Buntheit der Formen und Töne steht Oswalds leidenschaftliches Ichgefühl.

Ich Wolkenstain sagt Oswald in dem langen Rückblickslied von 1416 (Nr. 14, VII). Nennung des eigenen Namens als selbstbewußte Werksignierung des Dichters war, besonders in der erzählenden und lehrhaften Dichtung, nicht mehr neu. Bei Oswald bedeutet sie mehr. Ein fast prahlender Stolz nicht nur auf sein Dichtertum, sondern auch auf sein ungewöhnlich buntes Leben – und Selbstironie, manchmal nur leise angedeutet, manchmal sich fast bis zum Narrenspiel steigernd:

das sind die zwei hervortretenden Seiten des Ichgefühls, das einen großen Teil von Oswalds Dichtung in der Zeit von 1415/16 bis 1427/28 beherrscht. Hinter Stolz und Selbstironie aber steht in dem Lied von 1416 ein drängendes und staunendes Fragen nach der Stellung dieses wichtigen, seltsamen, der Welt verfallenen Ich in den Ordnungen der Zeit und vor Gott: *ich Wolkenstain leb sicher klain vernünftiklich.*

Die Ereignisse in Oswalds Leben fördern dieses Fragen. Die Zeit der Gefangenschaft und Bedrückung seit 1421 läßt seine Frömmigkeit, die sich bisher mehr in konventionellen oder spielerischen Liedern geäußert hatte, ernster und persönlicher werden. Dem schlichten geistlichen Gemeinschaftslied der Zeit steht Oswald schon von Wesen und Stand her zeitlebens fern. Aber eine andere, mehr literarische Tradition scheint in diesen Jahren einen gewissen Einfluß auf seine Lieder zu gewinnen: die meisterliche Spruchdichtung. Diese stellt neben der Liebesliedrichtung den zweiten großen Bereich gesungener Lyrik in jener Zeit dar. Beide Bereiche sind im allgemeinen durch Inhalt, Stil, gesellschaftliche Funktion und Wege der Überlieferung deutlich geschieden; nur bei den Dichtern mit größerer Eigenart gibt es Berührungspunkte, so etwa in den geistlichen Gesängen des Mönchs von Salzburg. Die Pflege der Spruchdichtung war zu Oswalds Zeit wohl erst vereinzelt in Meistersingervereinigungen zur Institution geworden. Aber die Tendenzen des bewußt literarischen, ja schulmäßigen Dichtens, der Orientierung an den großen alten Meistern und vor allem der lehrhaften Haltung bestimmten auch die nicht schulgebundene meisterliche Spruchdichtung schon seit langem.

Oswald hat diese Literatur ohne Zweifel auch schon vor 1421 gekannt; aber er scheint ihr, wenn wir von den datierbaren Liedern aus schließen dürfen, erst seit der ersten Gefangenschaft einen gewissen Einfluß auf sein eigenes Dichten einzuräumen. Dieser Einfluß zeigt sich in einer Reihe von Liedern, die schon durch ihre weitausladenden Strophen in reiner oder variierter Kanzonenform (AAB) näher bei der Spruchdichtung stehen als die übrigen Lieder Oswalds. (Oswald kennt die Kanzonenform zwar auch sonst, aber in knapperen Formen oder in andersartiger Variation; im ganzen tritt sie gegenüber der neuen Form AABB und freieren Strophenformen auffallend zurück.) An die Spruchdichtung erinnern in den Liedern, von denen hier die Rede ist, weiterhin einzelne Kunstmittel wie das Spiel mit dem Wort *lieb* in *Ain anefank* (Nr. 18, V). Auch die Reihung von Beispielfiguren (Nr. 20) oder wichtige Themen wie Altersklage (Nr. 21) und Weltverachtung weisen auf den Einfluß. Aber ganz abgesehen von Oswalds persönlichem Sprachstil, zeigt oft gerade das wichtigste gemeinsame Merkmal, das didaktische Element, am deutlichsten den Unterschied. Denn Oswalds Lehre ist nicht von Autoritäten abgeleitet und nicht distanziert vorgetragen wie die der Meister. Er belehrt sich selbst und andere, indem er sein eigenes Leben zum Exempel nimmt.

Oswald hat freilich auch andere didaktische Gedichte gemacht, in denen er weniger engagiert ist. Auch sie sind wohl meist nach 1421 entstanden, und noch viele der spätesten Gedichte Oswalds gehören zu ihnen. Sie stehen zumindest formal der Spruchdichtung ferner und sind wohl eher von anderen lehrhaften Gattungen der deutschen und lateinischen Literatur angeregt. Als Dichtungen sind sie meist nicht so stark; deshalb treten sie in unserer Auswahl zurück. Aber man spürt auch in ihnen den Atem des Wolkensteiners; man spürt seine Freude am Benennen und Aufzählen des Vielgestaltigen auch dann noch, wenn er die zwölferlei Trunkenheiten oder die sieben Kammern der Hölle warnend beschreibt, ja man spürt diese Lust an der Fülle sogar noch in dem Sündenkatalog des Beichtliedes (Nr. 25), das von den hier ausgewählten Liedern diesem Typ am nächsten steht.

Bis 1427/28 scheint Oswald alle Register seiner Themen und Töne kraftvoll durchzuspielen. Auf die ernsten, von Selbstironie völlig freien Lieder in den Zeiten der schlimmsten Gefahr folgen immer wieder heitere, sarkastische und selbstironische Dichtungen. Auch die Liebesdichtung ist in diesen Jahren wahrscheinlich noch nicht ganz verstummt.

Aber als sich der Fünfzigjährige mit dem Herzog versöhnt und beginnt, sich in die politische und rechtliche Ordnung seines Landes und seiner Zeit einzufügen, scheint ein Wandel in seiner Dichtung einzutreten (Nr. 23 u. 24). Die Ichbetontheit geht zurück, die Ironie wird leiser und weicht oft einem geselligen Spott. Konkrete Affären werden nur noch angedeutet, offenbar weil Oswald nun mit einer ganz bestimmten eingeweihten Zuhörerschaft rechnet. Die bei Oswald schon immer vorhandene Neigung zu Sprichwort und kerniger Sentenz nimmt zu. Es überwiegt die didaktische Dichtung, gelegentlich, wie in einem Lied gegen die Hussiten, stellt sie sich ausdrücklich in den Dienst der überkommenen Ordnungen.

Aber ein Nachlassen der schöpferischen Kraft ist in all dem noch nicht zu spüren. Erst das Jahr 1432 bedeutet einen gewissen Abschluß. In diesem Jahr läßt Oswald noch einmal alle seine Lieder in einer kostbaren Handschrift sammeln. Die Nachträge zeigen, daß er nach dieser Zeit nur noch wenige, meist geistliche oder moralisch-lehrhafte Gedichte verfaßt hat. Das letzte Lied, eingetragen nach 1438, ist ein geistliches Tagelied, in dem Oswald in der Rolle des Wächters sich und alle Menschen ermahnt, aus dem Sündenschlaf zum Glaubenskampf aufzustehen und sich der Gnade Gottes anzuvertrauen.

Es ist nicht möglich, den vielen Fachgenossen und Freunden, von denen ich bei der Arbeit an diesem Buch Anregung, Rat und Hilfe empfangen habe, einzeln zu danken. Besonderen Dank aber möchte ich aussprechen Professor Dr. Hans Fromm, Dr. Ingeborg Glier, Dr. Theodor Göllner, stud. phil. Gudula von Savigny und vor allem meinem Lehrer Professor Dr. Hugo Kuhn und meinem unermüdlichen Gesprächspartner Dr. Christoph Petzsch.

INHALT

1 Freu dich, du weltlich creatur –
  Freue dich, irdisches Geschöpf 4/5

2 Gar wunniklich hat si mein herz besessen –
  Mit vielen Freuden hat sie mein Herz in Besitz
  genommen 4/5

3 Des himels trone – Der Thron des Himmels . . 6/7

4 Frölich, zärtlich, lieplich und klärlich –
  Fröhlich, zärtlich, anmutig und hell 10/11

5 Wach auff, mein hort! – Wach auf, mein Schatz . 12/13

6 Los, frau, und hör des hornes schal –
  Horch, Frau, und höre den Ton des Horns . . . 14/15

7 Stand auff, Maredel – Steh auf, Margretlein . . 16/17

8 Treib her, treib überher – Treib her, treib herüber 18/19

9 Fröleich so wil ich aber singen –
  Fröhlich will ich wieder singen 20/21

10 Wolauff, wir wellen slaffen! –
   Wohlauf, wir wollen schlafen 24/25

11 Der mai mit lieber zal –
   Der Mai bedeckt mit schönem Reichtum 26/27

12 Ach senleiches leiden – Ach schmerzlich Sehnen . 30/31

13 Wer machen well den peutel ring –
   Wer seinen Beutel leicht machen will 32/33

14 Es fuegt sich – Es fügte sich 36/37

15 Ain tunkle varb in occident –
   Dunkle Farbe im Westen 44/45

16 Wolauff, wolan! – Wohlauf, nur zu! 46/47

17 »Nu huss!« sprach der Michel von Wolkenstein – »Nun huß!« sprach Michael von Wolkenstein . . 50/51

18 Ain anefank – Wenn der Anfang so ist 52/53

19 Es nahent gen der vasennacht – Die Fastnacht kommt heran 58/59

20 Wenn ich betracht – Wenn ich betrachte . . . 60/61

21 Ich sich und hör – Ich sehe und höre 64/65

22 Durch Barbarei, Arabia – Durch Berberland, Arabien 68/69

23 Zergangen ist meins herzen we – Vergangen ist meine Trübsal 72/73

24 Wer die augen wil verschüren mit den prenden – Wer seine Augen im Heizqualm dreingeben will 76/77

25 Mein sünd und schuld euch priester klag – Meine Sünde und Schuld klage ich Euch, Priester 78/79

26 Gesegent sei die frucht – Gesegnet sei die Frucht 82/83

27 Es leucht durch graw die vein lasur – Durch das Grau strahlt ein feines Azurblau . . . 84/85

28 Der oben swebt und niden hebt – Der oben schwebt und unten trägt 86/87

Zu Text und Übersetzung 91
Anmerkungen zu den einzelnen Liedern 94
Literaturhinweise 104
Oswalds Leben 107
Zu Oswalds Dichtung 117